Newport Community Learning & Libraries

X023897

KU-303-210

BRETT JOHNS: YMLADDWR

Brett Johns: Ymladdwr

ALUN GIBBARD

Noddir gan
Lywodraeth Cymru
Sponsored by
Welsh Government

CYNGOR LLYFRAU CYMRU

ISBN: 978 1 78461 546 8
Argraffiad cyntaf: 2018

© Alun Gibbard a'r Lolfa, 2018

Mae Alun Gibbard wedi datgan ei hawl dan
Ddeddf Hawlfraint, Dyluniadau a Phatentau 1988
i gael ei gydnabod fel awdur y llyfr hwn.

Cedwir pob hawl. Ni chaniateir atgynhyrchu unrhyw
ran o'r cyhoeddiad hwn, na'i gadw mewn cyfundrefn
adferadwy, na'i drosglwyddo mewn unrhyw ddull na
thrwy unrhyw gyfrwng, electronig, electrostatig, tâp
magnetig, mecanyddol, ffotogopïo, recordio nac fel arall,
heb ganiatâd ysgrifenedig ymlaen llaw gan y cyhoeddwyr,
Y Lolfa, Talybont, Ceredigion, Cymru.

Mae'r prosiect Stori Sydyn/Quick Reads yng Nghymru
yn cael ei gydlynu gan Gyngor Llyfrau Cymru
a'i gefnogi gan Lywodraeth Cymru.

Argraffwyd a chyhoeddwyd gan
Y Lolfa, Talybont, Ceredigion SY24 5HE
gwefan www.ylolfa.com
e-bost ylolfa@ylolfa.com
ffôn 01970 832 304
ffacs 832782

Cynnwys

1

Gwregys

29 Ebrill 2012

Roedd y noson fawr wedi cyrraedd. Dyma'r cyfle i wneud yr hyn ro'n i eisiau ei wneud ers pan o'n i'n blentyn. Dyma'r rheswm pam ro'n i wedi dechrau Mixed Martial Arts, MMA, yn y lle cynta. Ro'n i am wneud enw i fi fy hun. Nawr, yng Nghlwb Cymdeithasol Penlan, Abertawe, ro'n i'n cael y cyfle cynta i wneud hynny. Ro'n i'n ymladd am Bencampwriaeth Amatur Cymru.

Roedd y lle dan ei sang. Pob ford yn llawn a nifer o bobol yn sefyll yn erbyn pob wal o gwmpas yr ystafell. Roedd sŵn, cryn dipyn o sŵn. Roedd canu a chodi llais llawn hiwmor a chwerthin iach, a dim prinder trafod:

'Pwy ti'n meddwl sy'n mynd i ennill heno, 'te?'

'Ma'r boi ifanc 'ma'n dda iawn, medden nhw!'

'Sai'n credu bod gobaith gyda fe.'

'Sdim lot o brofiad gyda fe!'

Clywais y cyfan yn ddigon clir trwy waliau'r stafell lle ro'n i'n paratoi ar gyfer fy ffeit fawr. Hon oedd ffeit bwysica fy mywyd ar y pryd. Dim ond un peth oedd yn troi a throi yn fy meddwl yn y stafell fechan yna – ro'n i'n ymladd am wregys a theitl Pencampwriaeth Cymru! Roedd hi'n anodd credu hynny.

Ond doedd y llwybr i gyrraedd Penlan ddim wedi bod yn rhwydd a didrafferth. Fi oedd ar ben rhestr gornestau'r noson honno, y brif ffeit. Fy hyfforddwr, Chris Rees, oedd yn hyrwyddo'r noson hefyd. Ond, gyda llai na phythefnos tan y ffeit, doedd neb wedi cael ei drefnu i ymladd yn fy erbyn i. Roedd y boi gafodd ei ddewis yn wreiddiol wedi gorfod tynnu 'nôl oherwydd anaf. Cafodd Chris eitha trafferth i ddod o hyd i rywun i gymryd ei le. Ond diolch byth, fe wnaeth yn y diwedd. Wel, dwi'n dweud diolch byth, ond pan glywais i pwy oedd y dyn ro'n i'n ymladd yn ei erbyn, doedd e ddim yn newyddion da o gwbwl!

Yn y byd ymladd, MMA neu focsio, mae 'na ffeits mae'r unigolyn yn gwybod ei fod wedi cael ei roi ynddyn nhw i golli. Cael eich rhoi yno er mwyn y profiad. Dyna sut 'nes i ymateb pan glywais i am y ffeit yng Nghlwb Penlan am y tro cynta. Wrth gwrs fy mod i'n falch i gael cynnig. Ond roedd meddyliau negyddol fel'na yn dod i'r meddwl nawr ac yn y man. Roedd clywed rhai o sylwadau'r bobol yn y clwb yn dod ag ambell feddwl negyddol 'nôl i'r cof. Oedd y bobol yn iawn? Oedd y diffyg profiad yn mynd i fod yn broblem? Roedd cyffro pendant wrth feddwl y bydden i'n ymladd am deitl. Ond daeth y cysgodion yn ddigon clou hefyd. Yn sydyn reit, trodd cyffro gornest am bencampwriaeth a gwregys yn rhywbeth lot llai cyffrous a deniadol.

Do'n i erioed wedi teimlo pwysau mor drwm ar fy ysgwyddau wrth baratoi am ffeit. Yn y byd MMA mae'r rhan fwyaf o ymladdwyr yn gorfod ymladd rhyw ddwsin neu fwy o ornestau cyn cael cynnig gornest am deitl. Dim ond pedair ffeit ro'n i wedi ymladd pan ddaeth y cyfle i ymladd am wregys. Mae'n amlwg fy mod yn ddigon da i gael cynnig ffeit bencampwriaeth. Roedd atgoffa fy hun o hynny yn help mawr i fi. Roedd yn rhaid rhoi unrhyw feddyliau cas yng nghefn y meddwl nawr. Does dim lle i amheuon a diffyg hunanhyder wrth ymladd am bencampwriaeth. Roedd pobol eraill yn credu fy mod i'n ddigon da. Roedd yn rhaid i finne nawr gredu hynny hefyd.

Fy ngwrthwynebydd oedd Timur Mercanoglu, dyn o Gaerdydd ond a'i deulu'n dod o wlad Twrci. Roedd yn foi cyhyrog, bygythiol. Roedd yn ymladdwr profiadol iawn – ennill pump, colli dim, ac un ffeit gyfartal. Yn y byd MMA, mae ffordd benodol o ddweud beth yw record pob ymladdwr. Y ffordd i ddweud beth oedd record Mercanoglu felly yw Pump, Dim ac Un. Fy record i cyn y ffeit yn ei erbyn oedd Pedwar a Dim – ennill pedwar, colli dim. Ond roedd record Mercanoglu yn cynnwys tair ffeit fel ymladdwr proffesiynol. Amatur o'n i!

Felly, dyma fi'n ymladd yn y cawell yn erbyn dyn nad oedd wedi colli. Dim rhyfedd i fi ddweud wrth Chris, yr hyfforddwr, nad oedd yn syniad da i fi fynd wyneb yn wyneb ag e! Ond roedd Chris yn benderfynol. Roedd hi'n bosib i fi ei guro, meddai, a dwedodd wrtha i am beidio becso. Do'n i ddim mor siŵr, dim o gwbwl. Yr unig reswm 'nes i dderbyn y ffeit oedd y ffaith 'mod i'n parchu barn Chris. Dyna'r unig reswm. Yn fy meddwl i fy hunan, roedd yn benderfyniad gwael. Ond fe 'nes i gytuno i adael i'r ornest fynd yn ei blaen.

Erbyn noson y ffeit, fel wedes i, roedd unrhyw amheuon wedi diflannu. Roedd fy meddwl yn llwyr ar y dasg oedd o'm bla'n. Roedd gwybod bod y lle mor llawn yn help. Dwi'n teimlo gwefr arbennig wrth weld torf fawr. Ond roedd presenoldeb un grŵp o fois ynghanol y dorf

yn fy ngwneud yn fwy hapus byth. Roedd
nifer o fy ffrindiau newydd fod ar daith rygbi
i Geinewydd. Fe wnaethon nhw benderfynu
galw 'nôl yng Nghlwb Penlan ar y ffordd adre
i weld fy ffeit i. Gallwch chi ddychmygu pa
fath o gyflwr oedd ar y bois pan wnaethon
nhw gyrraedd y clwb ar ddiwedd taith rygbi!
Ond, mae'n rhaid i fi ddweud ei bod yn grêt eu
gweld nhw yno i fy nghefnogi. Fe 'nes i deimlo
eu presenoldeb, heb os. A'u clywed hefyd!

Fel wedes i, roedd Clwb Penlan yn orlawn.
Roedd lot fawr o sylw wedi bod i'r ffeit yn yr
wythnosau cyn y noson fawr. Roedd posteri
ar draws Abertawe ym mhobman. Ces i nifer
fawr o negeseuon testun a Facebook gan hen
ffrindiau yn Ysgol Gyfun Gŵyr. Daeth nifer o
negeseuon gan ddynion ro'n i wedi gweithio
gyda nhw. Roedd pawb am ddymuno'n dda i
fi. Cyfrannodd hyn i gyd at godi'r cyffro a'r
disgwyliadau hyd at y to. Hon oedd y ffeit gynta
i fi yn fy ardal fy hun. Roedd hynny'n golygu
bod y ffeit yma'n cyfri tipyn mwy na'r un o'r
lleill. Ac wrth gwrs, roedd cyfle am wregys.

Wedi'r aros hir, daeth y foment fawr. Daeth
yr eiliad i fi gamu mewn i'r cawell. Roedd
sŵn y dorf yn fyddarol. Ro'n i'n gallu teimlo
gwres eu croeso. Roedd Timur yn y cawell yn
barod. Roedd un cipolwg ohono yn ddigon i

greu argraff bendant arna i, a dod ag un gair o fyd yr MMA yn syth i'r meddwl. Roedd e'n *stacked*! Hynny yw, dim ond pum troedfedd pum modfedd oedd e, ond roedd e'n llawn cyhyrau. Roedd yn rhaid gweithio'n galed i wthio unrhyw deimlad negyddol mas o'r meddwl yn syth. Diolch byth, doedd hynny ddim yn anodd. Dyma oedd fy nghyfle mawr cynta. Roedd cofio hynny yn ddigon i'm sbarduno ymlaen yn ddi-ofn.

Mla'n â'r ffeit felly. Fe daflais i Timur i'r llawr yn syth a dechrau reslo gyda fe ar y cynfas. Ond roedd y dyfarnwr yn credu nad o'n i'n gwneud digon o symudiadau gwahanol. Yn ei farn e, do'n i ddim yn gweithio digon ar y llawr, ddim yn taro Timur digon. Felly galwodd fi 'nôl lan ar fy nhraed. Doedd hynny ddim wedi digwydd i fi o'r bla'n. Gwnaeth hynny i fi sylweddoli bod angen i fi weithio'n fwy caled a thrio mwy o bethau gwahanol. Roedd yn dda bod hynny wedi digwydd mor gynnar yn y ffeit.

Ond 'nes i ddim ymateb yn ddigon da. Taflais ddwy ergyd, a methu'r ddwy. Tarodd e fi ar fy mhen ac roedd yn ergyd gadarn iawn. Roedd fy mhen fel jeli. Gwelodd e hynny a dechrau dod amdana i yn fwy penderfynol. Ond llwyddais i'w gael i'r llawr fwy nag unwaith. Roedd fy amddiffyn erbyn diwedd y rownd yn dda iawn. Mor bell ag ro'n i yn y cwestiwn, ro'n i wedi ennill y rownd gynta, er gwaetha'r hyn wnaeth e i fy mhen. Ro'n i wedi gwneud digon o waith technegol i gynyddu'r pwyntiau.

Wrth eistedd yn fy nghornel ar ddiwedd y rownd gynta, edrychais draw i gornel Timur. Roedd e'n edrych fel petai wedi blino. Roedd ei ysgwyddau yn dechrau cwympo. Rhoddodd hynny gryn dipyn o hyder i fi ar ddechrau'r ail rownd. Dwedais wrtha i fy hun, 'Ti wedi cymryd ei siot ore fe, a ti'n dal i sefyll! Mla'n â ti!'

Rhoddais gic i'w gorff reit ar ddechrau'r ail rownd ac wedyn ei daflu i'r llawr. Ro'n i wedi penderfynu mai ei gael i'r llawr mor aml â phosib oedd y dacteg orau i fi. Roedd y ddau ohonon ni'n dod o ddau steil traddodiadol MMA – y *striker* a'r *grappler*. Roedd e'n *striker*, yn dibynnu ar ei allu i daflu ergydion gyda'i ddwylo. *Grappler* ydw i, wrth fy modd yn reslo ar y llawr. Glaniodd un arall o'i ergydion e yn yr ail rownd, ond unwaith eto, ro'n i'n meddwl i fi wneud digon i ennill y rownd.

Yn ystod yr ail rownd yna, clywais lais yn gweiddi rhyw eiriau o gefnogaeth. Dwi'n cofio meddwl, 'Fi'n nabod y llais yna.' Edrychais draw i gyfeiriad y llais a gweld fy ffrind Sam. Yng nghanol y ffeit, codais fy llaw arno a dweud, 'Alright?' Roedd y dorf wedi dwlu ar hynny ac wedi gweiddi a churo dwylo yn frwd. Roedd cariad Sam yn ffotograffydd a llwyddodd hi i dynnu llun ohona i'n dweud helô wrtho tra 'mod i'n ymladd! Mae hynna'n dangos un peth amdana i – dydw i ddim yn cymryd bywyd ormod o ddifri. Chwerthin a gwenu yw bywyd i fi. Hyd yn oed yn y cawell ambell waith!

A finne'n meddwl i fi ennill y ddwy rownd gynta, ro'n i'n gwybod y byddai Timur yn trio fy mwrw allan er mwyn iddo fe ennill yr ornest. Doedd dim modd iddo fy nal i o ran pwyntiau. Roedd gofyn bod yn barod am ymosodiadau ffyrnig felly. A dyna ddaeth. Dro ar ôl tro. Ond llwyddais i'w godi dros fy ysgwydd a'i daflu â'm holl nerth i'r cynfas. Roedd sŵn Timur yn cwympo ar y llawr yn fyddarol, bron. Dwedodd pobol oedd ym mar y clwb, tu fas i'r stafell lle roedd y ffeit, fod y bang mor galed nes gwneud iddyn nhw neidio!

O'r funud yna, teimlais nad oedd gan Timur ddim byd ar ôl. Roedd y ffeit wedi mynd mas ohono fe. Wnaeth e fawr ddim am weddill yr ornest. Anghofia i byth lais y dyfarnwr yn cyhoeddi bod y beirniaid wedi rhoi buddugoliaeth unfrydol i fi, ac mai fi nawr oedd Pencampwr Cymru! Roedd y breuddwydion wedi dod yn wir. Ro'n i nawr yn ymladdwr go iawn. Roedd gwregys gen i i'w wisgo.

Fe aeth fy ffrindiau a'm teulu 'nôl i'r Red Lion ym Mhontarddulais, lle cawson ni'n cloi mewn ar ôl amser cau. Gadewais tua chwech o'r gloch y bore wedyn. Dwi'n siŵr i fi chwarae 'We Are the Champions' gan Queen ryw ddwsin o weithiau yn ystod y nos. Mae'n bwysig i fi gael amser fel'na ar ôl ffeit. Yn ystod y cyfnod paratoi, mae'n rhaid i fi anghofio teulu a ffrindiau, bron. Dwi'n meddwl am ddim byd arall ond ymladd o fore gwyn tan nos. Felly, a'r ymladd drosodd am y tro, rhaid bod gyda'r teulu a'r ffrindiau. Y noson honno, pleser oedd bod yn eu canol nhw, a gwregys rownd fy nghanol i!

Mae noson ffeit fel hon yn gymysgwch llwyr, fel y'ch chi wedi deall erbyn hyn, mae'n siŵr. Mae'r cyffro, y disgwyliadau, yr amheuon, y paratoi, yr hyfforddi, i gyd yn plethu i'w gilydd drwy'r trwch. Ond fydden i ddim yn newid y byd yma am unrhyw beth arall. Nawr, rhaid dweud sut y dechreuodd y cyfan ac i ble es i ar ôl ffeit Penlan.

2

Mam a jiwdo

ROEDD POPETH WEDI DECHRAU ym Mhontarddulais, pentre heb fod yn bell o Abertawe. Dyna lle ces i fy ngeni. Roedd brawd a chwaer, Kirsty ac Ashley, yn aros amdana i yn 1, Heol Bryn Iago. Ddim sbel fawr ar ôl hynny, fe ddaeth brawd bach arall, Darian. Dyna ni felly, yn deulu o bedwar. Mae Pontarddulais yn golygu llawer i fi. Mae'n bentre sydd yn agos iawn at fy nghalon. Pan o'n i'n tyfu lan, a'r bois eraill yn dweud nad oedden nhw'n gallu aros i adael y pentre, do'n i ddim yn deall hynny o gwbwl. Mae cymuned yn bwysig i fi. Mae'n bwysig i fi wybod bod y siop fara wedi bod yn y pentre ers amser. Mae'n golygu llawer i fi 'mod i'n gwybod pwy yw teulu'r dyn sy'n gwerthu cig, a bod plant nifer o berchnogion y siopau eraill wedi bod gyda fi yn Ysgol Gynradd Gymraeg Bryniago. Dwi yn fy ugeiniau nawr, ond yn dal i fyw gartre gyda fy mam yn y pentre. A dyna chi ddylanwad mawr arall ar fy mywyd.

Mae Mam wedi bod yn ffigwr mawr yn y

ffordd mae fy mywyd a'm gyrfa wedi datblygu. Fe ddigwyddodd un peth penodol yn gynnar iawn yn fy mywyd wnaeth ddylanwadu ar hynny. Pan o'n i tua thair neu bedair oed, fe wnaeth fy rhieni wahanu. Diflannodd presenoldeb tad mas o'r tŷ. Roedd Mam yno gyda phedwar o blant. Roedd yn gweithio yn nhŷ bwyta a siop jips Roma 2000 yng Ngorseinon, ddim yn bell o Bontarddulais. Mae'n dal i weithio yno, bedair blynedd ar hugain yn ddiweddarach. Dwi ddim wedi gwneud llawer gyda fy nhad hyd heddiw.

Dyna'r teulu felly. Yn fuan iawn ar ôl i fy nhad adael Mam, dechreuodd fy chwaer fynd i sesiynau jiwdo yn y pentre. Gan fod y neuadd lle roedd y jiwdo yn cael ei ddysgu rai cannoedd o lathenni yn unig o'n tŷ ni, roedd Mam yn fodlon i fi fynd yno hefyd. Doedd dim angen trefnu liffts na dim angen iddi gerdded yno gyda fi chwaith. Mae'n siŵr 'da fi na fydden i wedi dechrau mynd i'r gwersi hynny oni bai fod fy nhad wedi gadael y cartre. Rai blynyddoedd wedi iddo adael Mam, fe wnaeth hi ddechrau perthynas gyda dyn arall. Andrew Burk oedd y dyn hwnnw, sef yr un oedd yn fy hyfforddi yn y gwersi jiwdo. Fe oedd y Sensei, fel maen nhw'n cael eu galw. Daeth i fyw aton ni a dwi'n ei ystyried e'n dad i fi. Yn rhyfedd ddigon, dwi'n dod mla'n yn dda iawn gyda rhieni fy nhad biolegol. Dwi'n mynd i weld fy mam-gu a 'nhad-cu yn aml ac maen nhw'n gefnogol iawn i bopeth dwi'n ei wneud.

Dwi'n credu'n gryf yn yr hyn sy'n cael ei alw 'the butterfly effect', sef bod pethau bach yn gallu cael canlyniadau lot mwy. Yn aml iawn, does dim modd gweld unrhyw gysylltiad rhwng y digwyddiad gwreiddiol a'r canlyniad. Fydde fe ddim fel arfer yn gam naturiol i wneud cysylltiad agos rhwng tad yn gadael cartre a'r mab yn troi'n ymladdwr proffesiynol. Ond mae cysylltiad pendant yn fy achos i.

Ffwrdd â fi felly i wersi jiwdo. Plentyn bach iawn o'n i, plentyn tenau a byr ac yn ddigon tawel a swil hefyd. Ond roedd jiwdo yn fy siwtio i. Ro'n i'n fachgen cyflym, ystwyth. O ganlyniad ro'n i'n gallu delio gyda'r jiwdo. Ond cyn mynd mla'n i sôn mwy am hynny, roedd un person arall wedi dylanwadu cryn dipyn arna i yn y blynyddoedd cynnar hynny hefyd – fy mrawd ifanca. Mae llai na dwy flynedd rhyngddon ni. Ond mae perthynas y ddau ohonom yn wahanol i'r disgwyl. Fe yw'r un sy'n rhoi amser caled i fi. Nid fi, y brawd hŷn, yn cymryd mantais o frawd bach yw'r stori yn tŷ ni. O na! Mae Darian yn hoff iawn o ymladd gyda fi, pigo arna i, fy mhoeni i.

Mae e'n chwarae rôl brawd hŷn yn trio rheoli brawd llai, nid fel arall. Fe yw'r bòs! Cyn pen dim, fe ddechreuodd e gael gwersi jiwdo hefyd. Roedd e wrth ei fodd yn ymladd yn fy erbyn i. Roedd yn dwlu rhoi coten go iawn i fi. Roedd e'n ennill yn fy erbyn yn y gornestau jiwdo. Ond roedd y ddau ohonon ni'n troi yn ddigon cyflym at ymladd go iawn gyda'n gilydd hefyd. Roedd gornest jiwdo yn aml yn troi yn ffeit ar y matiau jiwdo.

Ond camgymeriad fyddai dweud nad oedd y ddau ohonon ni'n dod mla'n 'da'n gilydd. Y tu allan i fyd jiwdo, o ddydd i ddydd, roedden ni'n ffrindiau da, agos. Rydyn ni'n dal i fod. Ond mae elfen gref o gystadleuaeth rhyngddon ni'n dau. Yr hyn mae hynny wedi ei wneud yw rhoi llawer mwy o hyder i fi. Mae wedi datblygu'r ochr gystadleuol yndda i.

Fe ddechreuais jiwdo pan o'n i tua phedair oed ac fe 'nes i barhau i'w wneud tan 'mod i'n un ar bymtheg. Fydden i ddim yn dweud fy mod i'n dda iawn mewn jiwdo. Doedd yr agwedd iawn ddim gyda fi i fod yn dda. Bydden i'n ddigon bodlon gwneud yn weddol mewn cystadleuaeth. Doedd dim awch gen i i wneud y gorau posib a chyrraedd y brig. Roedd fy chwaer wedi gwneud yn dda iawn. Cafodd hi fedal efydd mewn un bencampwriaeth

Brydeinig. Daeth fy mrawd bach yn bumed mewn cystadleuaeth Brydeinig arall hefyd.

Ond doedd gen i ddim digon o hyder i anelu at bethau fel'na. Fe ddes yn agos at lwyddiant unwaith neu ddwy. Dwi'n cofio cystadleuaeth fawr iawn yn Willesden, Llundain. Roedd dros 30 o fechgyn yn ymladd yn fy nghategori i, nifer ohonyn nhw o wledydd eraill yn Ewrop. Llwyddais i gyrraedd y ffeinal! Ond hyd yn oed wedi gwneud hynny, dwi'n cofio nawr beth oedd fy agwedd meddwl. Ro'n i'n fodlon gyda'r ffaith y bydden i'n ennill medal arian. Wnaeth e ddim croesi fy meddwl bod posibilrwydd o ennill medal aur. Fy ffordd i o feddwl oedd dweud wrtha i fy hun, beth bynnag fydd yn digwydd bydd gen i fedal arian. Gydag agwedd meddwl fel'na, doedd dim llawer o obaith i fi fynd ymhell iawn yn y gamp. Yr unig lwyddiant arall ges i oedd medal efydd mewn cystadleuaeth yn Kendal, yn Ardal y Llynnoedd. Fe 'nes i ymladd dros fil o ornestau jiwdo i gyd. Dim ond tua'u hanner nhw enillais i. Dwi'n dweud nad o'n i'n dda mewn jiwdo ond mae fy mam yn anghytuno gyda fi!

Doedd dim lot o siâp arna i gyda gwaith ysgol chwaith – ro'n i'n cael trafferth gyda'r gwersi. Dwi ddim yn dda iawn am ysgrifennu unrhyw beth ar bapur. Roedd bron pawb arall yn well na fi. Ro'n i'n teimlo bod yn rhaid i fi weithio'n galetach na'r plant eraill er mwyn gallu dod yn agos at eu marciau nhw. Doedd dim byd yn sticio yn fy mhen! Fy ffordd i o feddwl oedd hyn: os nad oedd gen i ddiddordeb mewn pwnc, doedd dim diben gweithio'n galed ar y pwnc hwnnw.

Ond nid dyna sut roedd Mam yn meddwl. Ychydig cyn yr arholiadau SATS ar ddiwedd fy nghyfnod yn yr ysgol gynradd, dwedodd Mam fod yn rhaid i fi wneud y gorau gallen i. Roedd angen i fi weithio ychydig yn fwy caled, meddai. Dwi ddim yn credu bod neb yn yr ysgol yn disgwyl i Brett Johns basio un o'i arholiadau SATS. Doedd fy mam ddim yn mynd i dderbyn hynny. Fe wnaeth hi fwy na siarad. Fe eisteddodd lawr gyda fi gartre, gyda'r nos, er mwyn fy helpu i adolygu a pharatoi ar gyfer yr arholiadau. Pan ddaeth y canlyniadau, cefais Lefel 4 a thri Lefel 3. Pasiais y pedwar gyda marciau da!

Dwi'n credu i hynny fod yn help mawr i fi newid fy agwedd meddwl. Doedd e ddim wedi digwydd dros nos chwaith. Ar ôl gadael Ysgol Gynradd Bryniago, fe es i Ysgol Uwchradd Pontarddulais. Ysgol Saesneg yw hon. Wrth i'r flwyddyn gynta fynd yn ei bla'n, ro'n i'n teimlo'n fwy a mwy anhapus. Gofynnais i Mam a fydden i'n cael symud i Ysgol Gyfun Gŵyr. Roedd nifer o fy ffrindiau wedi mynd yno yn syth o Fryniago. A hefyd, ro'n i'n gweld eisiau siarad Cymraeg drwy'r dydd. Dyna ddigwyddodd. Fe symudais i Ysgol Gŵyr ar ddechrau Blwyddyn 8.

Un peth dwi'n ei gofio o Ysgol Uwchradd Pontarddulais. Roedd yr athro Saesneg wedi gofyn i ni ysgrifennu darn o farddoniaeth pum llinell. Fel 'newch chi ddeall nes mla'n, dwi ddim yn dda mewn Saesneg. Roedd cael tasg fel hyn yn ddigon i godi ofn arna i. Fe wnaeth Mam a fi eistedd yn y tŷ am ryw ddwy awr yn trafod beth gallen i ysgrifennu. Ar ôl lot o waith caled, fe ddaeth rhywbeth at ei gilydd. Dwi'n dal i gofio'r darn o farddoniaeth lwyddais i i'w ysgrifennu yn y diwedd:

> I saw a monkey up a tall tree,
> He was chattering and nattering
> And full of glee,
> I looked again just to see
> He had red hair and freckles
> Just like me!

Dyna fy nghyfraniad i lenyddiaeth Saesneg. Os ydych yn ei hoffi, fi ysgrifennodd e. Os na, Mam wnaeth!

Doedd dim trafferth setlo yn yr ysgol newydd o gwbwl. Roedd hi'n ysgol hyfryd. Mae hi'n dal i fod. Roedd angen gwneud ffrindiau newydd, oedd. Ond doedd hynny ddim yn rhy ffôl. Roedd yn sicr yn fendith i fynd 'nôl at dermau fel 'lluosi' a 'rhannu' yn y gwersi Maths, fel ro'n i'n gyfarwydd â gwneud ym Mryniago. 'Multiply' a 'divide' oedd hi yn Ysgol Pontarddulais, ac roedd hynny wedi fy nrysu i'n llwyr!

Ond, unwaith eto, roedd hi'n anodd cael yr agwedd gywir at y gwaith. Yn syml, ro'n i'n mwynhau fy hun gymaint, doedd dim modd i fi roi fy meddwl ar y gwaith fel y dylen i. Roedd y profion yn y dosbarth yn dangos hynny'n glir. Do'n i ddim yn llwyddo o gwbwl. Anghofia i byth un digwyddiad. Roedd yna brawf sillafu. Cefais 3 mas o 20. Yn ystod amser egwyl ar ôl y prawf, ro'n i yn y tŷ bach, yn un o'r ciwbicls. Clywais rai o'm ffrindiau mas tu fas yn dweud bod Brett ddim ond wedi cael 3 mas o 20. Doedden nhw ddim yn ei ddweud yn gas. Ond roedd y ffaith eu bod yn gorfod siarad am y peth wedi gwneud cryn argraff arna i. Do'n i ddim yn hoffi'r teimlad ges i wrth glywed yr hyn roedd y bois yn ei ddweud.

Fe aeth Mam i'r ysgol i ofyn a allen i drio'r prawf eto. Cytunodd yr athro. Yn yr amser rhwng y prawf cynta a'r ail brawf, fe wnaeth Mam eistedd gyda fi yn sillafu llwyth o eiriau. Roedd hi'n dweud gair a finne'n ei ysgrifennu ar bapur. Os oedd yn anghywir, roedd yn gofyn i fi ei wneud eto, ac eto, nes ei fod yn gywir. Fe wnaethon ni hyn am dros wythnos. Yn yr ail brawf ges i 17 mas o 20. Roedd SATS a'r prawf sillafu wedi dangos rhywbeth pwysig i fi ynglŷn â fi fy hunan. Os ydw i'n rhoi fy meddwl ar rywbeth, galla i wella. Roedd prawf mawr ar y ffordd yna o feddwl eto i ddod.

Wrth i'r blynyddoedd fynd yn eu blaenau, roedd yr arholiadau TGAU yn agosáu. Unwaith eto, y sôn yn yr ysgol oedd mai dim ond dau TGAU fydden i'n eu cael. Daeth cyfnod y SATS 'nôl i'r meddwl. Roedd canolbwyntio a gwneud y gwaith paratoi cyn yr arholiadau wedi gweithio pan o'n i tua deg oed. Falle bod angen i fi weld a oedd gwneud yr un peth yn mynd i weithio a finne bron yn un ar bymtheg oed. Unwaith eto, roedd Mam yno i fy helpu. Fe wnaeth hi fy annog i wneud y gwaith er mwyn i fi wneud yr hyn roedd hi'n gwybod fy mod yn gallu ei wneud. Pan ddaeth y canlyniadau, ces i 7 C, 3 D ac 1 E. Dyna oedd sioc i bawb! Heblaw am Mam, wrth gwrs! Ces yr E yn Saesneg. Ro'n i wedi methu'r pwnc, felly. Fe 'nes ei sefyll eto, ond methu'r ail waith. Does dim TGAU Saesneg gyda fi felly. Ond mae gen i TGAU Cymraeg, gradd C. Mae gen i C mewn Mathemateg a Gwyddoniaeth hefyd. Dwi'n hapus iawn gyda hynna! Byddai'n well 'da fi petai pawb yn siarad Cymraeg beth bynnag! Erbyn meddwl, mae'n eitha posib bod yr ysgol wedi cymysgu papurau arholiad nifer o'r disgyblion ac mai papur rhywun arall gafodd ei farcio dan fy enw i. Ond dwi ddim yn mynd i holi ymhellach ynglŷn â hynny!

Ond y pwynt hanfodol i fi, gyda'r TGAU, a 'nôl mor bell â'r SATS, yw bod agwedd meddwl mor bwysig. Mae'n bosib fod y gallu yna, ond os nad yw'r agwedd yn iawn, ddaw e byth mas. Heb amheuaeth, Mam sydd wedi meithrin y ffordd yna o feddwl yndda i. Dyw hi ddim yn fenyw sydd wedi cael addysg arbennig. Ond roedd ganddi'r awydd i fi wneud fy ngorau, a'r amser a'r amynedd i fy helpu i i wneud hynny. Dwi mor falch i fi wrando arni a pheidio troi yn erbyn yr hyn roedd hi'n ei ddweud wrtha i.

Trwy gydol dyddiau Ysgol Gyfun Gŵyr, roedd y jiwdo wedi parhau, fel wedes i. Ond datblygodd diddordebau newydd. Yn y rhan yna o Gymru, mae rygbi yn mynd i fod yn atyniad aruthrol, yn naturiol. Ond doedd dim lot o siâp arna i yn chwarae rygbi. Mas ar yr asgell ro'n i'n chwarae, ddim am fy mod i'n gyflym, ond am mai dyna'r safle gorau i osgoi cael y bêl yn rhy aml! Er hynny, mae gen i record falch o sgori un cais i Ysgol Gyfun Gŵyr. Ro'n i'n chwarae pêl-droed ac yn gwneud gymnasteg hefyd. Ro'n i'n gwneud lot heb fod yn dda yn unrhyw un ohonyn nhw.

Ar ôl gorffen TGAU, roedd angen meddwl beth i'w wneud nesa. Ro'n i'n awyddus i fynd i goleg chweched dosbarth i astudio Mecaneg neu ryw bwnc tebyg. Dwi'n hoff iawn o geir. Dyma gyfle felly i fi ddysgu mwy am sut mae injan car yn gweithio. Roedd y rhan fwya o fy ffrindiau blwyddyn TGAU yn mynd i goleg ac yn gadael ysgol. Ond roedd gan Mam syniadau gwahanol. Wedi iddi hi weld sut ro'n i'n gallu llwyddo trwy weithio, awgrymodd y dylen i fynd i'r Chweched. Felly dyna beth 'nes i.

'Nes i ddim mwynhau awyrgylch y Chweched. Roedd e mor wahanol i'r teimlad o gyfeillgarwch clòs oedd rhwng y bois oedd yn rhan o'r un gang TGAU. Erbyn y Chweched, roedd y rhan fwyaf ohonyn nhw wedi gadael. Ro'n i ychydig ar goll. Un grŵp o fois wnaeth newid hynny oedd Jac Davies, Jamie Price, Gareth Jones a David Williams. Mae pobol trwy Gymru yn eu hadnabod fel y band roc Yr Angen. Roedden nhw'n fois grêt i fod gyda nhw. Nid am fy mod yn rhannu'r un diddordeb mewn cerddoriaeth. Do'n i ddim. Ond roedden nhw jyst yn fois da i fod yn eu cwmni.

Fe wnaeth un peth arall fy helpu drwy'r Chweched, rhywbeth a wnaeth newid fy mywyd yn y diwedd. Roedd y rhan fwya o fy amser sbâr yn cael ei dreulio yn y llyfrgell – pob amser egwyl, pob amser cinio, pob gwers rydd yn y diwedd. Ond nid darllen llyfrau ro'n i. Dyna lle roedd cyfle i fi fynd ar YouTube. Bydden i'n gwylio ffeits UFC, Ultimate Fighting Championship, yn ddi-stop. Roedd fy niddordeb yng nghrefft ymladd wedi symud ymlaen o jiwdo i'r MMA, y Mixed Martial Arts. Y gorau yn y byd yna yw gornestau'r UFC. Bydden i'n edrych ar y gornestau ymladd cawell yma ac yna yn eu gwylio eto ac eto. Ro'n i'n astudio'r symudiadau a'r technegau gwahanol yn fanwl. Des i adnabod enwau a holl fanylion bywyd a gyrfa'r prif ymladdwyr UFC, pobol fel Brad Pickett.

Daeth UFC i fy sylw am y tro cynta oherwydd fy llystad. Roedd yn awyddus i fi ddatblygu fy sgiliau ar y llawr yn ystod ffeits, ac fe aeth â fi i *gym* ju-jitsu yng Ngorseinon. Mae ju-jitsu yn dda ar gyfer datblygu'r sgiliau reslo. Yn y *gym* yna, sy'n cael ei redeg gan Chris Rees, roedd fideos o ffeits UFC mla'n yn y cefndir tra o'n i'n cael fy hyfforddi. Ond diddordeb oedd MMA yr UFC i fi bryd hynny. Doedd gen i ddim uchelgais o gwbwl i gymryd rhan yn yr un gamp â nhw.

Tua'r un pryd, daeth newid i reolau jiwdo a gafodd effaith ar fy niddordeb yn y gamp ro'n i wedi'i mwynhau ers 'mod i'n bedair oed. Daeth fy arddull jiwdo i ddibynnu ar fy ngallu i reslo ar y llawr, yn hytrach nag wyneb yn wyneb ar fy nhraed. Ond daeth rheol newydd yn dweud nad oedd modd cyffwrdd â choes y gwrthwynebydd mewn modd tebyg i dacl rygbi. Felly, tynnwyd rhyw 50% o'r arddull ro'n i'n dibynnu arni oddi wrtha i.

Roedd y sesiynau yn llyfrgell Ysgol Gyfun Gŵyr a newid rheolau jiwdo byd-eang yn ddigon i newid cyfeiriad fy mywyd. Ond roedd sbel i fynd cyn y byddai hynny'n digwydd.

3

Pikey yn y cawell

DAETH YR ADEG PAN ddechreuais i ofyn i Mam a Dad a allen i fod yn ymladdwr cawell. Doedd e ddim yn holi cwbwl o ddifri ar y dechrau, ychydig cyn i fi gyrraedd fy 16 oed. Ond roedd y syniad wedi dechrau tyfu yn fy meddwl. Gofynnais i Mam a allen i wneud MMA. Na, oedd yr ateb pendant. Gofynnais i Dad. Na oedd ei ateb yntau hefyd.

'Ti'n ormod o fabi i wneud rhywbeth fel'na,' medde fe wrtha i. 'Ti'n llefen os ti'n bwrw dy fys bawd!'

Dechreuodd fy nhad ddweud wrtha i beth oedd realiti ymladd cawell. Pryd bynnag roedd cyfle'n codi, byddai'n dweud pethau fel:

'Ti'n deall bod dynion yn gallu bwrw ei gilydd yn anymwybodol yn y cawell, wyt ti? Ti'n deall eu bod nhw'n gallu tagu rhywun nes eu bod nhw'n cysgu?'

Trio codi ofn arna i oedd e. Ond doedd e ddim yn gweithio. Fy ateb bob tro, ac un a oedd yn tyfu'n fwy cryf bob tro oedd, 'Fi eisie bod yn ymladdwr cawell. Dyna ni.'

Mae'n rhyfedd meddwl 'nôl, ond yn raddol bach roedd agwedd meddwl newydd yn datblygu yn fy mhen. Trodd pendantrwydd gweithio tuag at ddigwyddiadau fel SATS, prawf sillafu a TGAU yn rhywbeth mwy parhaol. Roedd fy uchelgais yn cynyddu. Roedd fy hyder yn cynyddu. Roedd yr agwedd meddwl oedd yn dweud bod cyrraedd ffeinal yn ddigon, a bod dim ots am ennill, yn graddol ddiflannu. Wrth weld mwy a mwy o ornestau MMA, yn enwedig rhai'r UFC, des i sylweddoli nad oedd medal arian yn y gamp yna o gwbwl. Os wyt ti yn y cawell a ddim yn ennill, rwyt ti wedi colli. Un enillydd sydd. Dim ond un ymladdwr sy'n derbyn y gwregys. Dyw'r boi sy'n colli yn cael dim. Ro'n i eisiau gwregys. Ro'n i eisiau bod yn bencampwr.

Ond yn gynta roedd yn rhaid 'ymladd' â Mam! Wedi iddi wrthod fy nghais cynta i ymladd, fe 'nes i barhau i ymarfer ar gyfer camp MMA. Ond ro'n i'n fodlon derbyn ei phenderfyniad hi i fi beidio ymladd. Ro'n i'n dal i ofyn yn gyson iawn. Yr un oedd yr ateb. Na. 'Nôl â fi at yr ymarfer wedyn. Gofyn eto. Cael na arall. 'Nôl at yr ymarfer. Dyna'r cylch parhaus am ddwy flynedd! Yna, a finne newydd ddod 'nôl o wyliau gyda'r bois ym Mwlgaria, fe ofynnais eto. Ond y tro hwn roedd Chris, fy hyfforddwr, wedi dweud bod ffeit benodol ar gael i fi mewn gornest yn Aberdâr. Mewn â fi at Mam.

'Ma Chris eisie i fi ymladd yn Aberdâr. Alla i fynd?'

'Gwna beth ti eisie,' oedd ei hateb.

Roedd hi'n fodlon! Cysylltais â Chris yn syth. Trefnodd e i fi fod ar garden yr ornest yn y ganolfan hamdden yn Aberdâr. Yn ddeunaw oed, ro'n i'n mynd i gymryd rhan mewn ffeit MMA am y tro cynta. Roedd e'n gyffrous iawn.

Ond ches i ddim y dechrau gorau i'r paratoi. Torrais fy nhrwyn mewn tri lle yn ystod sesiwn hyfforddi. Ro'n i'n iawn wrth ddal gwrthwynebydd, yr ymgodymu, y reslo fel petai. Ond taflu ergydion? Do'n i ddim yn gyfarwydd â hynny o gwbwl. Roedd yn amlwg fod gen i lot i'w ddysgu. Fel rhan o'r paratoi, trefnodd Chris i fi ymladd yn erbyn bocsiwr o Sir Benfro. Mewn â ni i'r cawell. Fe 'nes ei daro gyda dwy ergyd yn syth ac roedd e lawr. Roedd hynny dipyn rhwyddach nag o'n i'n ei ddisgwyl! Ond 'nôl â fe ar ei draed a 'nharo i gyda phedair ergyd i'r wyneb. Roedd pob un wedi glanio'n galed. Dyna fy mhrofiad cynta o'r 'chicken dance', sef cerdded rownd y cawell fel petawn i ar goesau rwber. Roedd e wedi fy shiglo go iawn.

Roedd gweddill yr ornest ymarfer yna'n anodd iawn i fi. Ar ei diwedd, fe 'nes i ofyn i fi fy hun o ddifri a o'n i am gario mla'n. Roedd yn fater o fynd adre a dweud wrth Mam nad o'n i am barhau. Neu roedd yn gyfle i fi brofi i fi fy hun fy mod i'n gallu dod dros her anodd fel'na a symud mla'n at bethau gwell. Dyna beth 'nes i yn y diwedd. Do'n i ddim yn barod i roi lan cyn dechrau. Mla'n â'r ffeit yn Aberdâr! Ro'n i'n barod!

Roedd fy mam yng Nghanolfan Hamdden Sobell, Aberdâr, ar gyfer fy ffeit MMA gynta erioed. Chwarae teg iddi am fod yna. Doedd hi ddim wedi bod yn hapus i fi fod yn rhan o fyd ymladd cawell. Ond wedi i fi benderfynu mai dyna o'n i am ei wneud, roedd hi yno i fy nghefnogi yn fy ffeit gynta. Roedd Chris a fy ffrind gore, Kyle, yn fy nghornel.

I mewn â fi i'r cawell. Clywais sŵn metal yn erbyn metal. Drws y cawell yn cau y tu ôl i fi. Dim ond tri ohonon ni oedd i fewn yna – y dyfarnwr, fi a fy ngwrthwynebydd, Gareth Hamberton. Y funud ddwedodd y dyfarnwr wrthon ni am ddechrau, fe aeth y nerfusrwydd i gyd. Doedd dim ofn arna i. Ymhen munud a deg eiliad, roedd y ffeit drosodd. Ro'n i wedi ennill fy ffeit gynta. Teimlais emosiynau cwbwl newydd yn ystod ac ar ôl y ffeit. Pan ydych chi'n chwarae rygbi, neu bêl-droed, neu'n cymryd rhan mewn jiwdo, dydych chi ddim yn ofni am eich bywyd. Rydych chi'n ofni am eich bywyd yn y cawell. Fe 'nes i ennill y ffeit gynta yna oherwydd 'nes i ddal Gareth ar ôl iddo daro llawr y cawell. Roedd e'n gwybod yn iawn y gallai fod yn anymwybodol petawn i wedi cario mla'n gyda'r symudiad. Felly, fe wnaeth e ildio yn syth.

Ar ôl y ffeit, ro'n i wrth fy modd. Ond roedd gen i ffordd ryfedd o ddangos hynny. Fe 'nes i daro cornel y cawell gyda fy mhen. Sgrechais nerth fy ngheg. Roedd yr adrenalin yn pwmpio'n galed iawn! Wedi i fi dawelu rhywfaint, ro'n i'n gwybod mai'r cawell oedd fy nghartre i. Ymladdwr o'n i. Ro'n i'n gwbwl dawel fy meddwl ynglŷn â hynny. Am y tro cynta yn fy mywyd roedd yr holl sylw arna i.

Fe es i mas o'r cawell a draw at fy mam a 'nhad. Doedd fy nhad ddim wedi gallu dod at gornel y cawell er mwyn bod gyda fy hyfforddwr, lle roedd e eisiau bod. Erbyn noson y ffeit yma, roedd e mewn cadair olwyn. Roedd wedi cwympo mas o'r gwely a tharo ei ben-glin yn gas ar y llawr. Datblygodd septisemia yn anffodus, a bu'n rhaid iddo golli ei goes. Tipyn o ergyd i ddyn ffit a oedd yn Sensei jiwdo.

Mas â fi gyda fy ffrindiau wedyn y noson honno, i Abertawe y tro yma. Roedd yn rhaid cadw'r traddodiad yna i fynd! Ro'n i wedi gadael ysgol erbyn hynny ac yn gweithio i gwmni Mike Cuddy. Mae e'n ddyn busnes enwog iawn yn ardal Abertawe, a fe yw'r dyn sydd wedi rhoi arian mawr i ranbarth rygbi'r Gweilch. Dymchwel adeiladau a chlirio safleoedd yw natur ei fusnes. Teitl answyddogol fy swydd oedd 'Chain Boy'. Ro'n i'n gweithio gyda'r peiriannydd. Fi oedd y boi oedd yn dal y pren mesur hir ar ochr hewl, neu ble bynnag, pan oedd y peiriannydd yn edrych trwy'r offer mesur ryw ganllath i ffwrdd. Ond os nad oedd e fy angen i, bydden i'n gweithio gyda'r dynion eraill ar y tŵls. Bydden i'n rhofio, yn gwneud draens neu beth bynnag roedd angen ei wneud.

Roedd patrwm penodol fy mywyd yn dechrau ffurfio. Roedd disgwyl i fi fod ar y safle, ble bynnag roedd Cuddy's yn gweithio, erbyn 7.30 bob bore. Bydden i'n cwpla gwaith am 5. Roedd hyn yn grêt os oedd y gwaith ym Mhontarddulais, neu yn Abertawe. Ond dros gyfnod o amser fe 'nes i weithio yn y Fenni, yn Llandarsi ac ym Merthyr Tudful. Pella'n y byd i ffwrdd roedd y gwaith, cynhara'n y byd ro'n i'n gorfod codi. Ac wrth gwrs, ro'n i adre dipyn hwyrach. Doedd dim digon o amser i fynd adre gynta, felly bydden i'n mynd yn syth o'r gwaith i'r *gym*. Dyna oedd fy mywyd. Fe 'nes i hyn am ddwy flynedd.

Ar y nos Lun ar ôl ffeit Aberdâr, wedi i fi gwpla gwaith, fe es i Glwb Jiwdo Pontarddulais. Ro'n i'n dal i wneud jiwdo, er i fi ddechrau ymladd MMA. Tra o'n i yno, ces i alwad ffôn gan Chris, fy hyfforddwr. Roedd e wedi cael ffeit arall i fi. Ond nid ymhen mis neu ddau fel ro'n i'n gobeithio. O na. Roedd y ffeit nesa o fewn wythnos! Ar ôl dwy flynedd o ofyn a gofyn i Mam a allen i ymladd, nawr ro'n i'n barod i ymladd fy ail ffeit o fewn pythefnos.

Roedd y ffeit yma yn Llanelli, yng Nghlwb Cymdeithasol y Morfa. Fe ddaeth un peth penodol allan o noson y ffeit. Mae'n draddodiad yn y byd MMA i ymladdwyr gael llysenw o ryw fath. Mae'n rhan o ddiwylliant y gamp. Mae'n rhyw fath o fathodyn sydd i fod i ddweud rhywbeth am eich cymeriad fel ymladdwr. Mae lot o fois yn cymryd y busnes enwi 'ma o ddifri. Maen nhw'n trio meddwl am enwau sy'n codi ofn, rhywbeth gyda'r gair Destroyer neu Assassin ynddo fe. Maen nhw'n creu enwau maen nhw'n meddwl sy'n dweud eu bod nhw'n fois caled, fel Hands of Stone, er enghraifft. Ond mae'r rhan fwya ohonon ni'n gweld yr holl beth yn damed bach o sbort. Dydyn ni ddim yn ei gymryd ormod o ddifri. Er enghraifft, mae ffrind i fi, Haydn, yn yr un *gym* â fi, yn cael ei alw'n The Angry Squirrel. Llysenw Ashley Williams yw The Drunken Monkey! Touchy-feely yw enw Kirk Healy o Gaerdydd. Fel y'ch chi'n gallu gweld, ma fe'n lot o sbort i ni!

Erbyn ffeit Clwb y Morfa, Llanelli, doedd dim llysenw MMA gen i o gwbwl. Do'n i ddim wedi meddwl am y peth, a bod yn onest. Ond pan gerddais i'r cawell y noson honno, fe wnaeth y *compere* fy nghyflwyno fel Brett 'The Pikey' Johns. Daeth yr enw oherwydd y ffaith 'mod i'n gwisgo sgidiau penodol bob tro fydda i'n mynd mas yn Abertawe neu yn y Bont. Yr enw ar y sgidiau yw *gypsy boots*. Mae cymuned y sipsiwn, y teithwyr go iawn, yn cael eu galw'n Pikeys. Felly roedd y bois wedi dechrau fy ngalw i'n Pikey. Nid fy newis i fel llysenw MMA, ond roedd e wedi cydio heb i fi wybod. Ro'n i'n meddwl bod yr enw'n eitha doniol a dweud y gwir.

Fe aeth y ffeit yn ei bla'n. Doedd dim prinder cefnogaeth i'r boi ro'n i'n ymladd yn ei erbyn, Rob Bunford, gan ei fod yn foi o Lanelli. Ond roedd lot o gefnogaeth yno i fi hefyd. Dyw Pontarddulais ddim mor bell â hynny o Lanelli! Roedd e wedi bod yn focsiwr proffesiynol ac wedi ymladd gornestau MMA yn broffesiynol hefyd. Roedd hwn yn gam lan pendant i fi. Ond fe aeth yn dda iawn. Roedd y cyfan drosodd mewn munud a hanner. Ro'n i wedi ennill fy ail ffeit.

Cerddais 'nôl i'r stafell newid a dyna lle roedd tua ugain o ddynion ifanc yn eistedd. Do'n i ddim yn eu hadnabod o gwbwl. Do'n i ddim yn siŵr pam ro'n nhw yno. Deallais yn eitha cyflym eu bod i gyd yn sipsiwn o'r ardal. Mae cymuned gref o'r teithwyr yn Llanelli. Yr enwoca ohonyn nhw, mae'n siŵr, yw Samson Lee, sy'n chwarae i'r Scarlets a Chymru. Mae e'n falch iawn o'i dreftadaeth sipsi. Wrth i fi sylweddoli pwy oedd y bois yma yn fy stafell newid, dechreuodd ofnau godi yn fy meddwl. Beth os nad ydyn nhw'n hapus gyda fy llysenw, Pikey? Ydy hi'n iawn i rywun sydd ddim o'r un gymuned ddefnyddio'r enw o gwbwl? Ydy hynny'n sarhad arnyn nhw?

Wrth i fi feddwl hyn, gofynnodd un ohonyn nhw gwestiwn i fi: 'Ti'n dod o deulu o deithwyr, wyt ti?' Ro'n i'n sicr wedyn nad o'n nhw'n hapus. Ond doedd dim pwynt dweud celwydd.

Gwneud pethau'n waeth fyddai hynny wedi'i wneud.

'Na, dwi ddim,'atebais, gan ofni'r gwaetha.

Ond doedd dim gwahaniaeth ganddyn nhw o gwbwl. Roedden nhw'n falch iawn i fi gael yr enw Pikey. Fe 'nes i aros yn y stafell gyda nhw am dros awr, yn siarad am bawb a phopeth. Felly, os oes unrhyw un heddi yn amau a ddylen i gadw'r llysenw Pikey, dyna i gyd sydd gyda fi i'w ddweud wrtha i fy hunan yw bod sipsiwn Llanelli yn gwbwl fodlon i fi ddefnyddio'r enw. Ac yn fwy na hynny, roedden nhw'n falch fy mod i'n gwneud hynny.

Roedd fy mywyd MMA wedi dechrau go iawn. Wedi cyfnod o joio dros y Nadolig, daeth cyfle am ffeit arall. Ar garden Valley of Kings, ro'n i i fod i ymladd Ryan McGann, boi o Gaerdydd, yng nghlwb nos Oceania. Tamed bach yn wahanol i Glwb Cymdeithasol y Morfa! Fe es i fewn i'r clwb nos sbel cyn y ffeit i weld yr holl olygfa. Roedd yn eitha trawiadol. Ond ro'n i'n gwybod hefyd y byddai'r seddi yn llawn pobol o Gaerdydd, i gefnogi eu boi nhw. Fe 'nes i werthu lot o docynnau fy hunan, ac fe ddaeth lot o fy ffrindiau i Oceania. Ond grŵp bach oedden nhw o'i gymharu 'da bois Caerdydd.

Hanner awr cyn y ffeit doedd dim sôn am

Chris, fy hyfforddwr. Ro'n i'n dechrau becso. Dwi'n dibynnu arno fe i baratoi ar gyfer pob gornest. Fe 'nes i ei ffonio a dwedodd ei fod bron â chyrraedd ond bod y traffig yn drwm.

Chwarter awr cyn y ffeit doedd Chris yn dal ddim yno. Mae hynny'n gallu chwarae ar eich meddwl ac effeithio ar y ffordd rydych chi'n paratoi am ffeit. Roedd fy nhad yno, oedd, ond nid yr hyfforddwr. Yna, daeth y foment i fi gerdded o'r stafell wisgo i'r cawell.

Doedd dal dim sôn am Chris. Mewn â fi i'r cawell. Tynnodd y reff y ddau ohonon ni at ein gilydd yng nghanol y cawell, i gael gair gyda ni. Fe 'nes i droi i gerdded 'nôl i 'nghornel, a gweld Chris yn cymryd ei le wrth ochr y cawell! Dim ond ei gwneud hi!

Cymerais Ryan yn syth i'r llawr, ei ddal yno am dipyn, yna ei dagu nes iddo ildio. Roedd y ffeit drosodd. Mewn 55 eiliad! Petasai Chris funud yn hwyr byddai wedi colli'r ffeit i gyd! Dyna'r ffordd orau i dawelu'r dorf yn sicr. Roedd y ffeit yna wedi dangos i fi mai dim ond ymladd yn erbyn y boi yn y cawell gyda fi o'n i. Do'n i ddim yn ymladd â faint bynnag o gefnogwyr oedd yno gyda fe. Doedd dim ots amdanyn nhw. Roedd honna'n wers bwysig.

Ar ôl y ffeit yna, roedd Chris wrthi unwaith eto. Trefnodd ffeit arall i fi. Ond unwaith eto, ddim ymhen rhai misoedd, ond ymhen pythefnos. Nid yn unig hynny, roedd y ffeit i fod yn rhan o un o'r sioeau gorau yng Nghymru, Pain Pit. Roedd i ddigwydd yng Nghasnewydd, yn y ganolfan hamdden. Y gwrthwynebydd oedd Jason Jenkins, a oedd yn cael ei alw'n The Grasshopper.

Wythnos cyn y ffeit fe es i mas yn y Bont gyda ffrindiau. Ar ddechrau'r noson, 'nes i addo i fi fy hunan y bydden i adre erbyn tua un ar ddeg o'r gloch y nos. Roedd rhaid bod yn gall a meddwl am y ffeit. Ond nid fel'na fuodd hi. O na! Fe aethon ni o un dafarn i'r llall, cyn cael ein cloi mewn yn un o dafarndai'r pentre. Fe adewais am bump o'r gloch y bore.

Fe es i'r *gym* ddydd Llun, yn ôl fy arfer. Do'n i ddim yn teimlo'n rhy ffôl. Ro'n i'n meddwl i fi ddod dros y sesiwn yfed hir a chaled dros y penwythnos cynt. Fe aeth yr wythnos yn ei bla'n, ac ar y Sadwrn ro'n i yn y Pain Pit yn barod i ymladd. Grêt. Roedd pethau wedi gweithio mas yn iawn.

Roedd y rownd gynta fel gêm o wyddbwyll, y ddau ohonon ni'n chwarae'n dactegol a thechnegol iawn. Ar ddechrau'r ail rownd, fe wnaeth Jason ryw fath o gic Ninja i 'ngwyneb i a bron cymryd fy mhen off! Petai wedi fy nharo, bydden i mas ohoni'n llwyr. Fe ddes i dros hynny a gwneud digon i ennill yr ail rownd. Ond roedd gofyn i fi ddod mas am drydedd rownd. Do'n i ddim wedi gorfod mynd mor bell â hynny yn y ffeits eraill. Ro'n i bron yn disgwyl dod â phob ffeit i ben yn gynnar. Ond nid y tro yma. Enillais y drydedd rownd a phenderfynodd y beirniaid mai fi enillodd y tair rownd. Buddugoliaeth arall, ond un mewn ffordd wahanol iawn i'r arfer.

Yr hyn 'nes i ei ddysgu o'r ffeit yna oedd faint o effaith gafodd sesiwn yfed y penwythnos cynt ar fy mherfformiad. Roedd popeth yn fwy araf o lawer yn ffeit Pain Pit. Doedd yr egni arferol ddim gyda fi. Ers hynny, dwi ddim yn mynd mas o gwbwl tra 'mod i'n paratoi am ffeit. Mae disgyblaeth yn hollbwysig.

Y ffeit nesa i fi yw'r un rydych chi wedi darllen amdani'n barod. Y ffeit roddodd wregys rownd fy nghanol. Y ffeit pan ddaeth Brett Johns yn Bencampwr Cymru. I gyrraedd y fath safle roedd yn rhaid i fi ddysgu lot o wersi. Roedd yn rhaid rhoi popeth i fod yn ymladdwr cawell. Roedd yn sicr yn llenwi pob munud o bob dydd. Ar ôl cyrraedd adre o'r *gym* bob nos, bydden i'n gwylio ffeits pobol eraill. Byddai'n ddeg o'r gloch y nos cyn i fi droi rownd. Roedd angen wedyn i fi drio clirio fy mhen cyn mynd i gysgu. Ond yn aml, byddai fy meddyliau yn y gwely, yn y tywyllwch, yn troi at symudiadau gwahanol, ble roedd angen i fi wella, beth oedd fy nghryfder a phob math o gwestiynau eraill. Ac yna, ar ôl llwyddo i gwympo i gysgu, bydden i'n breuddwydio am MMA!

4

Ymladdwr proffesiynol

Ro'n i wedi ennill pum ffeit mas o bump ac roedd gwregys Cymru gyda fi. Roedd yn ddechrau da iawn i fy ngyrfa fel ymladdwr. Roedd yn ddechrau mor dda fe wnaeth Chris fy hyfforddwr droi ata i un diwrnod a dweud, 'Reit, mae'n amser i ti droi'n broffesiynol nawr.' Roedd hynny'n sioc i fi. Dim ond o Hydref 2011 tan Ebrill 2012 ro'n i wedi bod yn ymladdwr amatur. Nawr roedd Chris yn credu bod modd i fi ennill fy mara menyn trwy ymladd yn y cawell! Roedd lot i feddwl amdano. Dwi'n cwestiynu Chris yn aml iawn. Ond bob tro dwi'n gwneud hynny mae'n dod i'r amlwg mai fe sydd yn iawn. Mae perthynas dda iawn gyda ni. Mae e wedi buddsoddi lot fawr o amser yndda i. Mae'n amlwg ei fod yn credu yndda i. Felly pan wnaeth e awgrymu y dylen i droi'n broffesiynol, ro'n i'n gwybod bod yn rhaid ei gymryd o ddifri.

Roedd y bois eraill sydd yn ymarfer gyda fi i gyd wedi bod yn ymladd yn hirach na fi. Roedden nhw wedi cael lot mwy o ffeits. Ond mae'r byd MMA yn newid a datblygu mor gyflym nawr fel bod rhaid cymryd camau i symud mla'n yn gynt nag yn y gorffennol. Doedd dim gwahaniaeth bod rhai o'r lleill wedi ymladd mwy na fi, medde Chris, rhaid i fi gymryd y cyfle oedd yn iawn i fi. Roedd y gair 'proffesiynol' wedi codi ofn arna i pan wnaeth Chris ei ddefnyddio'r tro cynta. Fe 'nes i jiwdo ers 'mod i'n blentyn bach, a chwarae pêl-droed a rygbi ac ati, ond do'n i erioed wedi meddwl gwneud yr un o'r rheina yn broffesiynol. Nawr roedd cyfle i wneud hynny.

Fe ddes i ddeall nad oedd yn rhaid i fi roi'r gorau i fy ngwaith yn syth. Roedd modd troi'n ymladdwr proffesiynol a dal i weithio. Roedd hynny'n help yn sicr. Falle nad o'n i'n hoffi fy ngwaith yn fawr iawn ond roedd yn gysur gwybod nad oedd yn rhaid gadael iddo fynd a cholli cyflog yn syth. Y newid mwya i fi fyddai cael fy nhalu mwy am ffeits. Ond hefyd roedd y ffeits eu hunain yn mynd i newid. Fel amatur mae hawl i daro rhywun yn ei wyneb pan mae'r ddau ohonoch chi'n sefyll, ond os oes rhywun ar y llawr does dim hawl ei daro yn ei wyneb. Fel ymladdwr proffesiynol mae modd taro dyn yn ei wyneb ar unrhyw adeg, gyda'r dwrn neu'r penelin neu ba ran bynnag arall o'r corff. Felly, byddai'r ffordd o ymladd yn newid ac yn troi'n dipyn mwy o ddifri.

Bwriad Chris oedd i fi ymladd fy ffeit broffesiynol gynta ym mis Gorffennaf. Roedd ffeit gwregys Cymru ym Mhenlan ar 29 Ebrill. Felly, doedd dim lot o amser gyda fi i benderfynu. Ond wedi dweud hynny, doedd dim angen lot o amser arna i yn y diwedd. Wedi i fi ddod dros y sioc bod Chris wedi awgrymu'r fath beth mor sydyn, roedd yn amlwg i fi mai troi'n broffesiynol oedd yr unig ffordd mla'n i fi. Felly, fe 'nes i ddweud wrth Chris, 'Iawn. Trefna'r ffeit.'

Wrth gwrs, roedd Chris wedi dechrau trefnu'r ffeit yn barod! Roedd gwrthwynebydd ganddo mewn golwg, sef dyn a oedd yn dod i ddiwedd ei yrfa, Ben Wood. Roedd y ffeit ar garden gornest Pain Pit Fight Night unwaith eto, ac yn golygu mynd 'nôl i Ganolfan Hamdden Casnewydd. Roedd e'n dri deg dau oed ac yn arfer bod yn focsiwr yn y fyddin. Dyma oedd ei ffeit broffesiynol gynta fe hefyd. Ugain oed o'n i ar y pryd. Teimlodd Chris fy ansicrwydd wrth feddwl am ymladd â dyn fel hyn. Rhif yw oedran, medde fe wrtha i, dyw hynny ddim yn golygu fod ei sgiliau fe'n well na dy rai di.

Mewn â fi i'r cawell i wynebu Ben. Am ryw reswm 'nes i deimlo ofn wrth ei wynebu. Do'n i byth yn teimlo unrhyw ofn y funud ro'n i yn y cawell. Ond ar ddechrau ffeit y noson honno, ro'n i'n ofnus. Fe 'nes i daflu cwpwl o jabs ato ond wrth wneud hynny dechreuais gerdded am yn ôl. Nid dyna oedd y peth iawn i'w wneud. Rhaid dilyn jabs wrth symud mla'n at yr ymladdwr arall. Gwelodd Ben Wood hyn. Deallodd fy mod yn eitha ofnus. Dechreuodd ymosod arna i'n dipyn mwy hyderus. 'Nes i lwyddo i wrthsefyll ei ymosodiad. Cydiais ynddo a'i daflu i'r llawr. Clywais fy nhad yn y cornel yn gweiddi, 'Ti'n gwbod beth i neud nawr!' Ro'n i wedi bod yn y sefyllfa yma droeon o'r bla'n. Fe 'nes i fy symudiad arferol. Ond cododd Ben 'nôl ar ei draed. O na, medde fi wrtha i fy hunan, doedd hynny ddim i fod i ddigwydd! Roedd yn amlwg fy mod mewn math cwbl wahanol o ffeit nawr.

Mewn unrhyw ffeit, dwi'n siarad gyda fi fy hunan drwy'r amser. Roedd angen gwneud hynny go iawn nawr. Os na 'nei di rywbeth yn glou, bydd hon yn noson wael iawn i ti! Tynna dy hunan at ei gilydd, Brett!

Fe driais fy ngorau. Ymhen dim, roedd e yn erbyn bariau'r cawell. Wedyn, roedd e ar y llawr, yn pwyso'n ôl ar ei ddau benelin. Cofiais fod modd taro rhywun ar y llawr yn y gêm broffesiynol. Gwelais fod 'na le rhwng

45

ei fraich a'i geg a thaflais ddwy ergyd gref i'w ên drwy'r bwlch yna. Roedd yn amlwg i Ben gael ei shiglo o ddifri. Yn fuan wedyn roedd symudiad arall wedi dod â'r ffeit i ben. Ildiodd Ben i un symudiad. Ro'n i wedi ennill fy ffeit broffesiynol gynta. A hefyd, ro'n i'n ddiguro yn y chwe ffeit ro'n i wedi'u cael. Roedd y stori'n parhau!

Ychydig wythnosau cyn y ffeit yna, fe 'nes i gwrdd â'r ferch sydd yn dal yn gariad i fi nawr. Ar ddiwedd y ffeit felly, fe 'nes i ffonio Carys i rannu'r newyddion. Roedd hi ar ei gwyliau, dramor, gyda'i ffrindiau. Roedd hi wrth ei bodd gyda'r newyddion. Teimlad braf iawn i fi oedd gallu ffonio fy nghariad i rannu'r fath newyddion. Ond fe wnaeth i fi feddwl hefyd. Dwi ddim yn credu bod Carys wedi dechrau meddwl y byddai ein perthynas yn digwydd tra 'mod i'n datblygu gyrfa fel ymladdwr proffesiynol. Do'n i ddim wedi deall arwyddocâd hynny yn llawn chwaith. Ond roedd ei ffonio'r noson honno wedi gwneud i fi ddechrau meddwl bod angen ystyried Carys hefyd o hyn ymlaen.

Am flynyddoedd roedd gen i fam oedd yn nerfus ynglŷn â'r hyn allai ddigwydd i fi mewn ffeits. Hi oedd yn gwneud y becso. Nawr roedd rhywun arall yn becso hefyd. Nid rhannu'r becso wnaeth Carys a Mam, ond dwblu'r becso mewn gwirionedd! Roedd dwy yn becso nawr yn lle un! Ond ar y llaw arall roedd brwdfrydedd dwy fenyw yn gefn i fi nawr. Roedd gen i gefnogaeth dwy oedd yn meddwl y byd ohona i. Mae'n siŵr bod hynny'n golygu mwy na'r cynnydd yn y becso!

Ar ôl ffeit Casnewydd, 'nôl â ni i gyd i'r Red Lion ym Mhontarddulais. Mae'r parti ar ôl ffeit yn draddodiad pwysig erbyn hyn, fel dwi wedi esbonio! Y noson honno fe 'nes i wisgo hen *blazer* fy nhad-cu i'r parti. Ro'n i mor falch o'r *blazer* ag o'n i o'r gwregys 'nes i ei wisgo yn y parti ar ôl y ffeit cyn hynny. Cafodd fy nhad-cu'r *blazer* o hen siop Sidney Heath yn Abertawe. Roedd yn siop o safon, gyda dillad parchus iawn. Heddi, clwb nos Yates sydd ar safle siop Sidney Heath. Felly, pan oedd pobol yn dweud wrtha i eu bod yn hoffi'r siaced, a holi o ble ro'n i wedi ei chael, ro'n i'n dweud wrth bawb mai yn Yates Abertawe ges i hi!

Erbyn y bore Llun roedd fy meddwl unwaith eto'n ôl ar fy ngyrfa fel ymladdwr. Roedd yn rhaid mynd i'r gwaith yn gynta, wrth gwrs. Faint tybed ydych chi'n meddwl enillais i yn fy ffeit broffesiynol gynta? £150. Dyna i gyd! Petawn i'n ymladd un waith bob mis, fyddai hynny ddim yn ddigon i fyw arno fe. Ond ro'n i'n hapus i ddal ati i ymladd pob ffeit pan fydden nhw'n dod, a gweld sut y byddai pethau'n mynd o fan'na.

Roedd y ffeit nesa o fewn pythefnos yn unig i fuddugoliaeth Casnewydd. Y tro yma, maes y Sioe yng Nghaerfyrddin oedd y lleoliad. Fel arfer, dwi byth yn mynd i weld unrhyw ffeit sydd cyn fy ffeit i. Dwi'n aros yn y stafell newid yn paratoi fy meddwl fy hunan. Ond y noson honno fe es i weld ffeit rhywun arall. Roedd ffrind da i fi, Euros Jones-Evans, yn ymladd ei ffeit broffesiynol gynta. Chris yw hyfforddwr y ddau ohonon ni. Ro'n i am ei gefnogi.

Yn y rownd gynta cafodd Euros chwalad go iawn. Roedd e dros y lle i gyd a'r boi oedd yn ei erbyn yn ei guro'n ddidrugaredd. Ar ddiwedd y rownd dyma Chris yn dal lliain yn ei law a'i ddangos i Euros.

'Ti'n gweld hwn?' medde fe. 'Os nad wyt ti'n dechrau ymladd, dwi'n mynd i daflu hwn i'r cawell. Do's neb sydd wedi dod 'ma heno i dy gefnogi di eisie gweld hynny'n digwydd. Nid dyna pam ma nhw 'ma! Mae lan i ti, boi.'

Mas ag Euros ar gyfer yr ail rownd a thaflu'r boi arall ar y llawr yn syth. Fe'i cadwodd mewn symudiad oedd yn golygu ei fod yn gallu ei dagu. Ildiodd y boi arall yn syth. Enillodd Euros o fewn hanner can eiliad i ddechrau'r ail rownd, ar ôl cael ei chwalu yn y rownd gynta.

Roedd hynny'n help mawr i fi. Dwi'n cofio meddwl, 'Dyna beth yw ymladdwr!' 'Nôl â fi wedyn i'r stafell newid. Dyna lle roedd Euros yn eistedd yn y cornel a'i ben yn ei ddwylo. Roedd mas ohoni yn llwyr. Roedd y rownd gynta wedi gadael ei hôl. Daeth yn bryd i fi gerdded mas o'r stafell ar gyfer fy ffeit i. Roedd yn rhaid i fi gofio'r ysbrydoliaeth roddodd Euros yr ymladdwr i fi. Roedd yn rhaid i fi wneud fy ngorau i anghofio'r Euros ro'n i'n gallu ei weld o flaen fy llygaid yn un swp yn y cornel.

Ro'n i'n ymladd yn erbyn boi o Lithiwania, Arunas Klimavicius. Roedd e wedi cael tua thri deg ffeit MMA. Boi profiadol iawn felly. Erbyn noson y ffeit yna hefyd ro'n i wedi cael gwybod bod gen i ffeit arall ymhen rhai misoedd. Roedd hynny'n rhywbeth newydd i fi, sef gwybod am ffeit arall ar ôl fy un nesa i.

Yn y cawell, wyneb yn wyneb ag Arunas, sylwais ei fod yn foi caled iawn. Roedd craith hir iawn gyda fe ar draws ei fola. Roedd wyneb caled iawn gyda fe hefyd, yn dangos dim emosiwn o gwbwl. Y funud ddechreuodd y ffeit, ro'n i'n gwybod bod brwydr yn fy wynebu. Os o'n i'n ei bwno fe, roedd e'n pwno'n ôl yr un mor galed. Doedd dim ildio. Fel 'nes i esbonio, yn MMA mae dau fath o ymladdwr – *strikers* fel Arunas, sef un sy'n defnyddio lot o'i allu i gicio a tharo, a *grapplers* fel fi sy'n dibynnu mwy ar reslo ar y llawr. 'Nes i sylwi bod Arunas yn *striker* pan weles i fe yn y cawell am y tro cynta. Roedd e'n gwisgo siorts cicfocsiwr. Dyw *grapplers* byth yn gwisgo siorts fel'na! Wel, y *grappler* enillodd! Ces i fe i fan lle roedd yn rhaid iddo ildio.

Anghofia i byth pwy oedd gyda'r cynta i ddod lan i fy llongyfarch i ar ôl y ffeit. Nigel Owens! Roedd dyfarnwr rygbi gorau'r byd wedi dod i weld ffeits y noson ac fe aeth e i'r drafferth i ddod i 'ngweld i a dymuno'n dda i fi. Chwarae teg iddo fe! Y ffeit yma oedd yr un gynta i Carys ei gweld yn fyw hefyd. Ro'n i'n teimlo'n falch iawn ei bod hi yno.

Os oedd yr arian ges i am fy ffeit gynta yn syrpréis i chi, dwi'n siŵr y bydd yr hyn ges i am yr ail ffeit broffesiynol yn fwy o syndod fyth. Ches i ddim ceiniog! Oherwydd costau cynnal noson gyfan, doedd gan Chris ddim arian ar ôl i 'nhalu i. Byddai lot o bobol yn grac iawn gyda hynny. Ond, wedi eiliad neu ddwy o siom, doedd e ddim yn fy mecso i o gwbwl. Roedd y fuddugoliaeth yn golygu mwy i fi na'r arian ar ddiwedd y dydd. Cadw fy record ddiguro oedd y peth pwysig i fi ac ro'n i wedi llwyddo i wneud hynny. Dyna oedd yn bwysig. Ac fel wedes i, ro'n i hefyd yn gwybod bod ffeit arall i ddod.

Ond nid dim ond y paratoi am ffeit oedd yn gorfod bod yn fwy proffesiynol nawr. Roedd angen newid fy ffordd o fyw yn gyffredinol. Dwi wedi dweud yn barod i fi weld yr angen i beidio ag yfed yn drwm ar ddechrau wythnos ffeit. Ond nawr ro'n i'n dod i sylweddoli bod angen newid patrwm bywyd wrth ymarfer a hyfforddi, nid dim ond adeg ffeit. Yr adeg yna, ro'n i'n trio cael y gorau o ddau fyd. Ar un llaw ro'n i'n dal i fod yn un o'r bois, ac yn dal i fynd mas am gwpwl o beints bob cyfle posib. Ar y llaw arall ro'n i'n dal i ymarfer fel athletwr proffesiynol.

Beth oedd hyn i gyd yn ei olygu yn ymarferol? Wel, aros mas tan ddau, tri o'r gloch y bore ac yna codi am saith i fynd i redeg. Neu fynd i'r *gym* am sesiwn gyfan a finne'n dal i ddiodde wedi i fi yfed gormod. Doedd e ddim yn batrwm da. Doedd e ddim yn batrwm proffesiynol. Yn sicr, doedd e ddim yn dangos agwedd broffesiynol tuag at y gamp ro'n i am lwyddo ynddi. Doedd neb wedi dweud wrtha i fod hyn yn anghywir, yn gwneud niwed i fi ac i fy ngallu fel ymladdwr. Roedd Chris yn gwybod 'mod i'n mynd mas. Ond doedd ganddo ddim syniad faint o'n i'n ei yfed. Roedd angen i fi ddysgu'r wers yna drosta i fy hunan.

Roedd y ffeit nesa yn erbyn Kyle Prosser. Do'n i erioed wedi ymladd yn erbyn neb tebyg iddo. Roedd ganddo gyhyrau ar ben ei gyhyrau. Os oedd Arunas yn galed, roedd Kyle yn fawr. Ond roedd fy agwedd meddwl yn sicr yn datblygu. Wyneb yn wyneb â'r Kyle cyhyrog dwi'n cofio dweud wrtha i fy hunan, 'Os wyt ti'n fawr neu'n galed, yn dal neu'n fyr, yn *grappler* neu'n *striker*, ti yn y cawell gyda fi, a dwi'n mynd i ymladd â ti ore galla i!'

Ro'n i hefyd wedi dysgu nad yw ystadegau yn aml yn cyfri am fawr ddim. Fel nad oedd oedran yn cyfri dim wrth ymladd yn erbyn Ben Wood, doedd ystadegau Kyle yn golygu fawr ddim chwaith. Doedd e ddim wedi ennill yr un o'r ddwy ffeit broffesiynol roedd e wedi eu cael. Ro'n i wedi ennill pob ffeit. Ond y ffeit yn erbyn Kyle oedd yr un anodda i fi, o bell ffordd.

Ddwy funud i fewn i'r rownd gynta ro'n i mewn trafferth. Doedd dim byd gyda fi ar ôl. Yr unig beth oedd yn mynd trwy fy meddwl oedd bod hon yn mynd i fod yn ffeit hir iawn. Roedd felly yn brofiad newydd i fi. Ro'n i mewn gornest o dair rownd bum munud yr un. Pan mae pethau'n anodd ar ôl dwy funud, dyw hynny ddim yn arwydd da. Rywsut neu'i gilydd, fe 'nes i lwyddo i fynd o un rownd i'r llall heb gael fawr ddim niwed. Ar ddiwedd y ffeit felly, roedd y dyfarnwr yn sefyll rhwng Kyle a fi, yn barod i roi dyfarniad y beirniaid. Roedd y tri wedi rhoi'r ffeit i fi. Dyna fi wedi ennill fy ffeit gynta o dair rownd bum munud trwy benderfyniad y beirniaid.

Y ffeit yna oedd wedi gwneud i fi ddechrau sylweddoli bod angen i fi newid fy ffordd o fyw go iawn os o'n i am ddatblygu fel ymladdwr. Trodd y penderfyniad i beidio ag yfed yn ystod wythnos ffeit yn benderfyniad i beidio ag yfed am bedair wythnos cyn pob ffeit. Mae bod yn ymladdwr yn agwedd meddwl, nid dim ond yn fater o baratoi'r corff.

5

Ysgwydd a cholli pwysau

GAN NAD OEDD FFEIT arall ar y gorwel fe es i Fryste ar *stag-do* un o'm ffrindiau. Tra o'n i yno, a Chris yno gyda fi hefyd, fe ddaeth neges. Roedd Chris yn amlwg wedi cyffroi.

'Ma hwn yn gyfle mawr, Brett!'

'Beth?' medde fi yn ddiamynedd ac yn gyffrous yr un pryd.

'Ma Cage Warriors eisie i ti ymladd iddyn nhw!'

Waw! Roedd hynny'n beth aruthrol! Os oedd unrhyw uchelgais gen i, yna cael fy nerbyn gan Cage Warriors oedd hynny. Ond doedd hynny'n ddim byd ond breuddwyd bell iawn i ffwrdd. Ond nawr, ym Mryste, roedd y cyfle yn edrych i fyw fy llygaid. Os ydych chi am gael syniad o bwysigrwydd Cage Warriors, mae e fel cyrraedd yr Uwch-gynghrair yn y byd pêl-droed. Yr unig beth sy'n fwy nag e yw'r UFC, sydd yn debyg i'r Champions League mewn pêl-droed.

Mae Cage Warriors yn fudiad Ewropeaidd,

sydd hefyd yn hedfan ymladdwyr o America i gymryd rhan yn eu ffeits nhw. Dyma gam mawr arall mla'n i fi, heb os. Ac unwaith eto, roedd yn gam mawr mewn cyfnod byr. Roedd patrwm yn datblygu! Wrth glywed y newyddion, fe 'nes i lefen, yn ddi-stop. Hyrwyddwyr Cage Warriors oedd yn cynnal ffeits rhai o fy arwyr penna i, pobol fel Conor McGregor, sydd wedi dod yn fyd-enwog ers y dyddiau hynny.

Yr ornest roedden nhw am i fi gymryd rhan ynddi oedd noson fawr yn Neuadd Dewi Sant, Caerdydd. Mae e'n lle arbennig i ymladd cawell. Mae e bron fel amffitheatr Rufeinig, a'r seddau'n codi'n uchel o gwmpas y cawell. Sam Gilbert oedd yn fy erbyn. Roedd yn ymladdwr profiadol. Fi enillodd y rownd gynta, yn ôl y ffordd ro'n i'n gweld pethau. Ond Sam enillodd yr ail. Wrth fynd i mewn i'r drydedd rownd, felly, ro'n i'n gwybod bod angen i fi ennill honno, neu colli'r ffeit fyddai fy hanes. Roedd yn rownd agos. Ond ro'n i'n credu i fi wneud digon i ennill. Daeth y foment i'r dyfarnwr gyhoeddi'r fuddugoliaeth. Tair rownd i ddim i fi! Ro'n i wrth fy modd!

Mae'n rhyfedd sut mae rhywbeth cwbl annisgwyl yn gallu newid cyfeiriad gyrfa rhywun. Ar ddiwedd ffeit Sam Gilbert fe dynnwyd llun o'r dyfarnwr a'r ddau ohonon ni. Ro'n i ar un ochr, y dyfarnwr yn y canol a Sam ar yr ochr arall. Mae'r llun yn dangos yn glir mai fi oedd y byrraf, wedyn y dyfarnwr, a bod Sam dipyn talach na'r ddau ohonon ni. Tynnodd Chris fy sylw at y llun rai dyddiau'n ddiweddarach.

'Dwi'n credu bod yr amser wedi dod i ti newid y pwysau rwyt ti'n ymladd ynddo,' medde fe wrtha i'n blaen.

Tan hynny ro'n i wedi bod yn ymladd yn y ffeits pwysau plu. Syniad Chris oedd i fi newid i bwysau bantam. Byddai hynny'n golygu ymladd yn pwyso llai nag ro'n i wedi'i wneud ers dechrau ymladd. Ond roedd Chris yn credu'n gryf mai dyna oedd ei angen ac roedd e'n meddwl y gallen i lwyddo yn y pwysau yna hefyd.

Ond ddaeth dim galwad arall gan Cage Warriors. Ro'n i'n disgwyl i'r ffôn ganu ar ôl ffeit Sam, er mwyn cynnig ffeit arall i fi. Ond wnaeth e ddim. Tawelwch. Ro'n i wedi siomi'n fawr. Ond roedd yn rhaid derbyn hynny a symud mla'n. Gofynnais i Chris drefnu ffeit arall i fi yn lle un Cage Warriors. Roedd y Nadolig yn agosáu ac roedd angen arian arna i i brynu anrhegion i'r teulu ac i Carys.

'Dim problem!' medde Chris. 'Ma gornest

arall gyda fi ym mis Tachwedd. Gelli di fod ar
y tocyn yna.'

'Grêt!' medde fi. 'Ble ma fe?'

'Clwb Cymdeithasol y Morfa, Llanelli.'

Suddodd fy nghalon. O fod mewn ffeit Cage
Warriors yn Neuadd Dewi Sant ro'n i'n ôl
mewn clwb bach lle ges i ffeit fel amatur sbel
yn ôl. Roedd yn ergyd. Ond dyna oedd realiti'r
sefyllfa a rhaid oedd i fi ei dderbyn. Ond wedi
edrych heibio i hynny i gyd, fe ddes i deimlo'n
ddigon balch mai yn y Morfa ro'n i'n ymladd.
Mae e'n lle bach, cymunedol, agos atoch chi.
Mae gwres y dorf yn ddigon amlwg.

Felly, yn llawn brwdfrydedd yn y diwedd,
mla'n â fi 'da ffeit y Morfa. Roedd yn
fuddugoliaeth rownd gynta unwaith eto
i fi. Ces i ddigon o arian i brynu anrhegion
Nadolig, diolch byth! Mae cefnogaeth fy mam
yn arbennig, fel dwi wedi'i nodi sawl gwaith yn
barod. Ond mae hefyd yn gefnogaeth ariannol.
Er fy mod i'n byw gartre dyw Mam ddim yn
codi unrhyw rent arna i. Mae hi'n gwybod beth
yw fy uchelgais fel ymladdwr. Mae hi hefyd yn
gwybod beth yw patrwm bywyd ymladdwyr, a
faint maen nhw'n ei ennill. Mae hi'n cefnogi ei
mab gant y cant yn hyn i gyd. Ac nid dim ond
Mam. Mae fy mrodyr a fy chwaer yn gefnogol
dros ben hefyd. Mae eu cefnogaeth ar sawl

lefel – yn ymarferol ac yn ariannol i ddechrau. Ond hefyd maen nhw'n cefnogi trwy ddangos eu bod nhw'n credu yndda i. Mae hyn yn wir am Mam-gu a Tad-cu hefyd, rhieni fy nhad biolegol. Fydden i ddim wedi cyflawni dim heb y bobol yma y tu ôl i fi. Nhw sydd wedi creu'r Brett Johns sydd wedi dod yn ymladdwr.

Daeth ffeit arall yn glou iawn ar ôl hynny. Roedd hon hefyd yn ornest am wregys arall. Y tro hwn, ro'n i'n ymladd am wregys Prydeinig. Ond roedd tro arall i'r stori. Ro'n i i fod i ymladd yn erbyn ffrind da i fi, Joe Orrey. Nid yn unig roedd e'n ffrind ond roedd e'n ymladdwr arbennig hefyd. Roedd hyn yn dipyn o her. Ond roedd yn rhaid derbyn y ffeit. Fe welais i Joe gwpwl o weithiau cyn i ni ymladd. Roedd y ddau ohonon ni wedi mynd i weld yr un ffeit a buon ni'n siarad am ein ffeit ni. Yn wahanol i'r hyn mae pobol yn ei feddwl, dydyn ni fel ymladdwyr MMA ddim yn elynion sydd yn casáu ein gilydd. Cafodd Joe a fi noson dda, ac ar ei diwedd dwedodd Joe, 'Fe 'newn ni beth sydd rhaid yn y cawell, a wedyn ewn ni 'nôl i fod yn ffrindiau.'

Ond cyn i fi gyrraedd y cawell i wynebu Joe, ces i anaf cas iawn. Ro'n i wedi cymryd rhan mewn gornest leol a ches fy nhaflu drwy'r awyr. Roedd hynny'n beth digon cyffredin.

Ond wrth lanio 'nes i gwympo'n lletchwith ar fy mraich. Sgrechais mewn poen. Roedd yn amlwg i fy ysgwydd ddod allan o'r soced. Galwyd y paramedics, ces i *gas and air*, a bant â fi i'r ysbyty. Heblaw am y boen, roedd fy ysbryd yn ddigon isel hefyd. Ro'n i'n gwybod bod ffeit am deitl Prydeinig ar y gorwel.

'Paid â becso am hynny,' medde Chris. 'Fe wnei di ymladd, dim problem!'

Roedd yn anodd credu beth roedd e'n ei ddweud, a'r boen yn fy ysgwydd mor ddifrifol.

'Chris! Ti ddim yn *serious*! Ma fy ysgwydd mas o le a ti'n meddwl galla i ymladd am deitl ymhen cwpwl o fisoedd? Ti off dy ben!'

Dyna i gyd ddwedodd Chris oedd, 'Bydd popeth yn iawn.'

'Nôl adre, fe 'nes i drio ymarfer gymaint ag y gallen i. Ro'n i'n osgoi unrhyw beth a oedd yn golygu defnyddio'r ysgwydd, ond yn gwneud popeth arall. Do'n i ddim yn gallu gweithio, felly roedd digon o amser gyda fi i baratoi. Ond nid delio gyda'r anaf oedd yr unig newid wrth baratoi ar gyfer y ffeit yma. Hon oedd y ffeit gynta i fi fel ymladdwr pwysau bantam. Felly roedd rhaid colli pwysau. Fel ymladdwr pwysau plu ro'n i'n gallu ymladd yn pwyso tua 66 cilo, sy'n 145 pwys. I ymladd fel bantam roedd yn rhaid dod lawr i 61 cilo, sef 135 pwys. Roedd lot yn digwydd i fy nghorff yn ystod y misoedd yna! Trwy'r cyfan, trwy fis Ionawr 2013, fe 'nes i gadw at fy rheol o beidio ag yfed wrth baratoi am ffeit, a hynny er nad o'n i wedi gallu ymarfer yn iawn oherwydd fy ysgwydd.

Fe 'nes i gyrraedd y pwysau yn iawn – ar ôl bod yn y *sauna* am ddwy awr ar fore'r pwyso! Pan es i adre roedd y teulu a Carys yn amlwg yn becso fy mod i wedi colli cymaint o bwysau. Roedden nhw'n gofyn i fi drwy'r amser, 'Ti'n ocê?' a 'Ti'n teimlo'n iawn?' Roedd yn siŵr o fod yn sioc iddyn nhw fy ngweld i'n paratoi i ymladd ond yn pwyso lot llai nag arfer. Ond mae'n bwysig cofio bod gwahaniaeth mawr rhwng colli pwysau a cholli pwysau fel ymladdwr. Mae patrwm pendant i golli pwysau fel ymladdwr ac mae'n cael ei reoli'n llym gan fy hyfforddwr.

Ar noson y ffeit, dechreuodd y rownd gynta ac fe aeth Joe yn syth amdana i. Roedd e wedi rhoi amser caled i fi am dair munud gynta'r rownd. Roedd e'n arbennig o dda. Ond roedd gen i ddigon o brofiad i wybod y byddai un tafliad neu symudiad gen i yn gallu newid pethau. Felly roedd angen cadw i fynd. Fe aeth pethau fy ffordd i cyn hir. Erbyn tair munud pum deg naw eiliad o'r rownd gynta roedd popeth drosodd. Joe enillodd y tair munud a hanner gynta heb unrhyw amheuaeth. Ond fi enillodd bump eiliad ar hugain ola'r ffeit! Roedd un symudiad 'da fi wedi dod â'r cyfan i ben, gyda munud ar ôl o'r rownd gynta. Ro'n i wedi ennill teitl Prydain!

Y peth cynta 'nes i ar ôl ennill oedd mynd draw at Joe, a oedd yn dal ar y llawr ar y pryd. 'Nes i ofyn iddo oedd e'n iawn. Roedd yn amlwg ei fod wedi siomi'n llwyr. Doedd e ddim eisiau colli, yn naturiol. Roedd yn edrych yn drist a siomedig iawn. Rhoddais fy mraich am ei ysgwyddau i'w gysuro. Ond doedd dim cysur i fod. Pan o'n i'n ôl yn fy stafell wisgo daeth Joe i mewn i 'ngweld i. Fe wnaeth y ddau ohonon ni sgwrsio am sbel. Roedd popeth fel roedd e cyn i ni ymladd â'n gilydd. Roedd popeth fel roedd Joe wedi dweud y bydde fe pan wnaethon ni gwrdd rai wythnosau cyn y ffeit. Does dim *egos* rhyngddon ni fel ymladdwyr. Ddim y rhai dwi'n eu nabod, beth bynnag. Does dim rhaid casáu'r gwrthwynebydd.

Yn fuan wedyn roedd y ffôn, a oedd wedi bod yn dawel iawn ers sbel, wedi dechrau canu. Roedd Cage Warriors 'nôl! Nid cynnig ffeit i fi oedden nhw. O na! Roedden nhw am gynnig cytundeb i fi! Roedden nhw eisiau i fi fod yn un o'u hymladdwyr nhw. Nawr roedd

61

yn fater o ystyried rhoi'r gorau i fy ngwaith gyda Cuddy's ac ymladd yn llawn amser. Dyma gam mawr mla'n unwaith eto, ac eto digwyddodd hynny mewn cyfnod byr iawn. Doedd dim angen meddwl dwywaith am roi'r gorau i fy ngwaith. Roedd yn rhwydd gadael iddo fynd. Wedi'r cyfan, beth oedd y dewis? Glanhau draeniau a rhofio rwbel, neu ymladd i brif fudiad MMA Ewrop? Fel maen nhw'n dweud – 'No brainer!'

Ond doedd y newid ddim yn un rhwydd iawn yn ariannol chwaith. Roedd arwyddo i Cage Warriors yn gam sylweddol ond doedd e ddim yn cynnig unrhyw sicrwydd o arian mawr. Roedd yn rhaid i fi ddibynnu ar arian noddwyr i wneud yn siŵr ei bod yn iawn i fi droi fy nghefn ar weithio i Cuddy's. Dwi'n ddiolchgar iawn iddyn nhw am fy helpu i yn y fath sefyllfa. Roedd bywyd yn wahanol nawr. Ymladdwr o'n i, o'r funud ro'n i'n deffro yn y bore tan i fi fynd i gysgu yn y nos. Doedd dim gwaith arall yn y ffordd. Petai rhywun yn gofyn i fi o hynny mla'n beth oedd fy ngwaith, un ateb oedd. Ymladdwr cawell.

Roedd fy ffeit gynta ar ôl arwyddo i Cage Warriors yn y Motorpoint Arena, Caerdydd. Dwi byth yn edrych ar y boi dwi'n ymladd yn ei erbyn pan mae e'n cerdded i mewn i'r cawell. Ond fe wnaeth James McAllister ddal fy sylw wrth iddo fe gerdded i mewn. Taflodd olwg ddigon cas ata i. Mean Mug maen nhw'n ei alw fe. Roedd yn rhaid i fi wneud yr un peth 'nôl wrth gwrs. Ond wrth wneud hynny yr unig beth oedd yn mynd trwy fy meddwl oedd, 'Ma'r boi 'ma'n teimlo'n gas iawn!'

Ond mla'n â'r ffeit. Y canlyniad, yn syml, oedd *knock-out* i fi! Fe 'nes i ennill trwy TKO unwaith o'r blaen, ond roedd y *knock-out* yma ar garden gornest Cage Warriors! Roedd McAllister wedi cael ei fwrw mas yn llwyr. Roedd yn deimlad braf fel ymladdwr proffesiynol. Ond doedd e ddim yn deimlad da i fi fel person. Ar adegau fel'na mae'n bwysig deall y gwahaniaeth rhwng rhywun sydd yn ymladdwr yn unig a rhywun sydd yn cystadlu fel ymladdwr. Dyw ymladdwyr ddim yn mynd yn bell iawn. Maen nhw yn y cawell dim ond er mwyn yr ymladd. Ond mae ymladdwr sy'n cystadlu trwy ei grefft yn debygol o lwyddo. Nid yr ymladd er mwyn ymladd sy'n bwysig i rywun fel'na. Na, y cystadlu, y gwella, y datblygu sy'n bwysig.

Ar ôl ffeit McAllister roedd fy ffrindiau i gyd wedi penderfynu dal y trên i Abertawe. Y bwriad oedd i fi ddal lan gyda nhw yn hwyrach y noson honno. Ro'n i am aros yn yr Arena am dipyn ac roedd Carys wedi aros gyda fi. Bues yn sgwrsio gyda rhai o'r ymladdwyr eraill yn y stafelloedd newid. Wedyn fe es i draw i'r gwesty sydd gyferbyn â'r Arena. Roedd rhagor o ymladdwyr yno a ges i sgwrs fer gydag ambell un. Yna, yn y cornel, gwelais James McAllister. Roedd ar ei ben ei hun. Dyw e ddim yn deimlad braf iawn gwybod eich bod chi'n hapus dros ben am i chi ennill ffeit, ond bod y person gollodd yn teimlo'n ddigon trist ac yn eistedd yn y cornel. Felly, dyma fi'n penderfynu mynd draw ato fe. Fe ddes i'w nabod fel person. Roedd yn dad, a siaradodd gryn dipyn am ei blant. Yna gofynnais iddo beth roedd e am ei wneud weddill y noson.

'Dim,' medde fe. 'Mynd 'nôl i'r stafell yn y gwesty a dal awyren i Glasgow fory. Dyna ni.'

'Ti eisie dod mas i Gaerdydd gyda fi heno?' gofynnais iddo.

Roedd yn awyddus i wneud. Ffoniais fy ffrindiau a dweud na fydden i'n ymuno â nhw'r noson honno. Fydden i ddim yn gallu meddwl amdano ar ei ben ei hun drwy'r nos mewn dinas ddieithr. Mae hynny'n deimlad od mewn ffordd. Ro'n i'n gwybod mai fi oedd wedi ei roi yn y sefyllfa yna wrth ei guro. Ond nid dyna ddiwedd y stori i fi...

Mas â ni i strydoedd Caerdydd. Roedd un

neu ddau o ymladdwyr eraill wedi ymuno â ni erbyn hynny. Ond aeth pethau dros ben llestri tamed bach. Roedd un o sêr MMA wedi dringo coeden yn gwisgo het plismon. Yna, yn sydyn, roedd bws mini wedi mynd heibio. Am ryw reswm cafodd un o'r teithwyr ei daflu mas o'r bws mini. Fe wnaeth e ddisgyn ar yr hewl reit wrth ein hymyl ni. Roedd McAllister yn meddwl bod hynny'n ddoniol iawn. Tynnodd ei ffôn symudol mas a gwneud fideo o'r hyn oedd yn digwydd o'n blaenau ni. Roedd plisman wedi sylwi beth roedd e'n ei wneud a dwedodd wrtho am stopio. Ymddiheurodd McAllister yn syth. Sylwodd y plisman ar lygad ddu McAllister.

'Ti wedi bod yn ymladd heno?' gofynnodd y plisman yn ddigon amheus.

'Odw,' atebodd McAllister. 'Ro'dd e wedi rhoi cwpwl o *clouts* i fi!'

Pwyntiodd ata i wrth ddweud hynny. Fe driais i esbonio mai mewn ffeit MMA roedd hynny wedi digwydd, ond ro'n i mor awyddus i gael y stori mas, 'nes i faglu dros fy ngeiriau yn syth a gwneud y sefyllfa lot gwaeth! Roedd pawb yn chwerthin yn braf. Trwy lwc roedd y plisman yn gwybod bod gornest MMA wedi bod yn y ddinas y noson honno. Fe wnaeth e chwerthin hefyd, diolch byth! Am eiliad, ro'n i'n disgwyl y bydden i'n cael fy arestio am GBH!

Roedd hi'n noson dda iawn. Fe es i'n ôl i lety Carys wedyn. Roedd hi'n astudio i fod yn nyrs bediatrig yng Nghaerdydd. Roedd hynny'n hwylus iawn y noson honno. Ond roedd y ffaith ei bod hi yng Nghaerdydd a fi yn y gorllewin yn her i'n perthynas ni ar y pryd. Dyw e ddim yn bell. Ond pan mae hi yn astudio a finne'n ymarfer, mae llwyddo i weld ein gilydd yn troi'n broblem. Diolch byth i ni ddod trwyddo fe.

Wedi'r noson honno ro'n i'n ôl yn ymarfer ar y dydd Llun. Dwi ddim yn ymladdwr sy'n cymryd sawl wythnos bant ar ôl ffeit – peth da, mewn gwirionedd. Yn fuan iawn ar ôl ffeit Motorpoint, daeth galwad arall gan Cage Warriors. Roedden nhw am i fi ymladd am deitl byd!

6

Y byd yn fy llaw!

Dwi wedi dweud yn barod fod pethau wedi symud yn glou iawn i fi ers troi at MMA. Nawr, roedd pethau wedi cyflymu gryn dipyn mwy! Roedd angen i fi droi fy meddwl at baratoi ar gyfer teitl byd. Ac mae'r pwyslais ar y meddwl hefyd. Fan'na mae'r paratoi yn dechrau. Roedd angen i fi feddwl yn nhermau wynebu'r gorau yn y byd.

Rhan o'r broses yna yw gwybod pwy dwi'n ymladd yn ei erbyn. Mae hynny'n sicr yn help i ganolbwyntio. Pan ddaeth y gwahoddiad i gystadlu am deitl byd, roedd pedwar gwrthwynebydd posib. Ac wrth gwrs, dewiswyd yr un ro'n i eisiau lleia o'r pedwar! Ar y pryd, roedd David Haggstrom yn ail yn Ewrop ac fe wnaethon nhw fy newis i i ymladd yn ei erbyn. Do'n i ddim ar restr goreuon Ewrop o gwbwl. Grêt! Unwaith eto, ro'n i'n hollol siŵr iddyn nhw fy rhoi yn y ffeit yna er mwyn i fi golli. Byddai'r ffeit yn brofiad da iawn i fi, ond roedd yn ffordd i gael Haggstrom i'r brig mewn gwirionedd. Roedd gwefannau cymdeithasol MMA i gyd yn dweud mai Haggstrom oedd y ffefryn o bell ffordd. Ro'n i'n dechrau dod yn gyfarwydd â phobol yn siarad fel'na. Ond daeth ergyd arall i fy hyder pan 'nes i drafod y ffeit gydag un o'm partneriaid hyfforddi. Roedd e wedi ymladd yn erbyn Haggstrom. Dwedodd mai dyna'r ffeit fwya caled iddo'i chael erioed.

Ond, er gwybod hyn i gyd, mae'n rhaid paratoi gant y cant. Falle mai dyna sut roedd Cage Warriors yn meddwl, a phobol MMA, ond nid dyna sut ro'n i'n meddwl o gwbwl. O na. Dwi'n ymladd i ennill bob tro.

Gan mai ffeit am deitl byd oedd hon yn erbyn Haggstrom, roedd y rheolau ynglŷn â'r pwysau yn fwy llym. Roedd yn rhaid i fi fwrw 135 pwys, nid 136 fel ffeit arferol. Os nad o'n i'n cyrraedd 135, yna, dim ffeit. Felly roedd hynny'n darged ychwanegol a oedd yn rhan o'r paratoi. Roedd gofyn i fi fod yn fwy ffit nag ro'n i wedi bod erioed o'r bla'n hefyd. Pam? Y ffordd mae Cage Warriors yn trefnu eu nosweithiau maen nhw'n disgwyl i chi ymladd ddwywaith mewn un noson. Byddai ffeit ar ddechrau'r noson ac yna rhyw ddwy awr wedyn, y ffeit am deitl byd. Roedd angen creu cynllun ffitrwydd llawer caletach nag arfer i baratoi ar gyfer sefyllfa fel'na.

Dwi'n cofio un achlysur pan o'n i'n ymarfer rhedeg. Mae Chris yn byw yn Sgiwen. Yn agos i'w gartre mae hen dip glo. Roedd e am i fi redeg mor gyflym ag y gallen i lan a lawr y tip glo yna. Fe 'nes i hynny sawl gwaith un diwrnod, 'nôl a mla'n, 'nôl a mla'n. Y funud gyrhaeddais i adre, fe 'nes i chwydu'n ddi-stop. Ro'n i wedi gwthio fy hun yn bellach nag o'n i wedi'i wneud erioed o'r bla'n.

Daeth noson y ffeit. O'r funud ganodd y gloch, fe 'nes i drio taflu Haggstrom i'r llawr. Ac fe 'nes i lwyddo. Ond fe wnaeth e godi yn syth 'nôl ar ei draed. Bob tro 'nes i ei daflu fe gododd 'nôl lan. Roedd angen meddwl mewn ffordd wahanol i'r arfer fan hyn. Llwyddais i newid fy ffordd o ymladd i ymateb iddo fe. Roedd yn gweithio! Ddeg eiliad cyn diwedd y rownd, fe wnaeth e symudiad oedd wedi tynnu'r anadl mas o 'nghorff i. Fe ges i eitha shiglad. Am y tro cynta yn fy ngyrfa MMA, ro'n i'n teimlo fy mod i mewn trafferth. Roedd y reff yn paratoi i ddod â'r ffeit i ben. Ro'n i'n gwybod mai deg eiliad oedd ar ôl. Roedd angen gwneud popeth allen i i ddal yn sownd am ddeg eiliad, cyrraedd yr ail rownd a dechrau eto. Diolch byth, fe 'nes i lwyddo i wneud hynny. Petai'r symudiad yna gan Haggstrom wedi digwydd yn gynt yn y rownd, fydden i ddim wedi gallu llwyddo i ddal mla'n!

Fe 'nes i'n eitha da yn yr ail rownd. Ond roedd angen i fi wybod pa mor dda. Yn ôl y rheolau, os oes un ymladdwr wedi ennill y ddwy rownd gynta, does dim angen ymladd y drydedd. Yn ôl fy ffordd i o edrych ar y ddwy rownd, ro'n i ar y bla'n. Ond doedd y beirniaid ddim yn cytuno. Roedd hi'n un rownd yr un yn eu golwg nhw. Felly, dyma'r reff yn dweud bod yn rhaid i ni ymladd y drydedd rownd. Roedd pum munud arall felly.

Mas â fi yn glou ar ddechrau'r drydedd. Taflais Haggstrom i'r llawr. Fe 'nes ei daro gyda fy mhenelin ac fe agorodd clwyf ar ei wyneb. Aeth gweddill y rownd yn ddigon da i fi. Daeth y canlyniad. Ro'n i wedi ennill!

Ond 'nôl at rywbeth ddwedais i'n gynharach. Roedd dwy ffeit i fod y noson honno. Fi yn erbyn Haggstrom oedd un. Kris Edwards, Cymro arall, yn erbyn James Pennington oedd y llall. Yn ôl trefn Cage Warriors, roedd enillydd un ornest wedyn yn gorfod ymladd yn erbyn enillydd y llall. Felly, hanner y gwaith oedd curo Haggstrom. Roedd Pennington wedi ennill ei ffeit e, felly roedd yn rhaid i fi ymladd yn ei erbyn e nesa. Enillydd y ffeit yna fyddai'n cael teitl y byd.

'Nôl â fi i'r stafell newid felly, i ddechrau meddwl am y ffeit nesa. Wrth i fi gerdded drwy'r coridor yn y Motorpoint Arena, Caerdydd, fe welais i Pennington yn cerdded. Roedd e'n gloff iawn – roedd yn amlwg wedi cael anaf gwael. Do'n i ddim yn credu bod unrhyw ffordd y gallai ymladd yn y fath gyflwr. Cyn hir, daeth y cyhoeddiad. Roedd Pennington wedi tynnu mas oherwydd ei anaf. Rhag ofn bod rhywbeth fel hyn yn digwydd, mae Cage Warriors yn trefnu ffeit arall yr un noson. Mae enillydd y ffeit yna wedyn yn cymryd lle pwy bynnag sy'n gorfod tynnu mas o ffeit am deitl. Y noson honno, y ddau yn ffeit yr eilyddion oedd Jordan Desborough a dyn ro'n i wedi ymladd yn ei erbyn o'r bla'n, Timur Mercanoglu. Fe oedd yn fy erbyn yn y ffeit am wregys amatur Cymru yng Nghlwb Penlan, Abertawe. Roedd Jordan wedi curo Timur ar ddechrau'r noson. Cafodd e gynnig i gymryd lle Pennington, ac yn naturiol ddigon, fe wnaeth e dderbyn y cynnig. Cyhoeddwyd wedyn bod y ffeit am deitl y byd yn mynd i fod rhwng Desborough a Johns.

Roedd e wedi ymladd ei ffeit gynta dipyn yn gynt yn y noson na fi. Felly roedd e wedi cael lot mwy o orffwys na fi. Ond doedd dim ots am hynny. Roedd yn rhaid paratoi i ymladd. Roedd y sefylla wedi newid nawr hefyd. Yn sydyn, fi oedd y ffefryn i ennill! Nid fi oedd yr un roedd pawb yn meddwl fyddai'n colli. Beth bynnag am hynny, roedd pum rownd bum munud o 'mla'n i.

Roedd yn ffeit agos iawn! Pan wnaeth y dyfarnwr dynnu'r ddau ohonon ni at ein gilydd ar ôl i'r ornest orffen, do'n i ddim yn siŵr beth fyddai'r dyfarniad. Yn fy meddwl i, falle 'mod i wedi ennill o dair rownd i ddwy. Cyhoeddodd y reff fod y beirniad cynta yn credu mai Desborough oedd wedi ennill y ffeit – 46 pwynt i fi ond 47 iddo fe. Daeth canlyniad yr ail feirniad – 47 pwynt i fi a 46 i Desborough. Un yr un felly. Roedd y cyfan yn dibynnu ar farn y trydydd beirniad. Dwedodd y reff, 'Yr enillydd yn ôl y beirniad ola, o 47 pwynt i 46, ac felly, pencampwr newydd y byd yw...' Yn y tawelwch yna, dwi'n cofio meddwl, 'Na, nid fi yw e. Dim siawns. Dyw pethe fel hyn ddim yn digwydd i foi o Bontarddulais. Mae'n siŵr taw'r llall fydd yn ennill. Do's neb o Gymru erioed wedi ennill teitl byd MMA. Mae'n amhosib mai fi fydd y cynta.' Wrth i feddyliau fel'na droi yn fy mhen, clywais lais y reff yn cyhoeddi'r enillydd: 'Brett Johns!'

Fe 'nes i gwympo i'r llawr yn y fan a'r lle. Ro'n i'n llefen yn ddi-stop! Doedd dim modd i fi ddweud sut ro'n i'n teimlo. Fe es i mas y noson honno i ddathlu wrth gwrs. Ond doedd dim modd dathlu yn rhy hir. Ro'n i, wedi'r cyfan, wedi ymladd am 40 munud y noson honno. Ac ro'n i'n diodde, yn sicr. 'Nôl â fi i dŷ fy nghariad yng Nghaerdydd, ac i'r gwely. Wrth fy ochr yn y gwely, roedd gwregys y byd.

Fe 'nes i gysgu gyda'r gwregys am ryw dair wythnos ar ôl y ffeit! Wedi'r cyfan, fi yw'r Cymro cynta i ennill y fath deitl, a'r unig Gymro i ennill teitl byd MMA.

7

Pen-glin a chwmwl du

Os OEDD 2013 YN flwyddyn anhygoel o dda, roedd y ddwy flynedd nesa yn rhai digon anodd. Fe 'nes i wynebu'r hen stori o ddringo'n uchel, ond wedyn cael cwymp digon caled wedi hynny. Ro'n i i fod i amddiffyn fy nheitl byd ym mis Rhagfyr 2013, yn Newcastle. Ond roedd yn rhaid i fi dynnu mas oherwydd anaf i fy mhen-glin. Roedd hynny'n ddigon anodd ei dderbyn.

Ond roedd yn fwy anodd derbyn rhywbeth a oedd yn digwydd yn fy mywyd y tu allan i'r cawell. Wedi ennill teitl y byd, fe 'nes i barhau i ymarfer yn galed. Ro'n i'n gwrthod mynd mas gyda'r bois ac yn cadw at ddisgyblaeth ddigon llym. Doedd lot o fy ffrindiau ddim yn deall hyn. Roedden nhw'n meddwl fy mod yn eu hanwybyddu. Fe wnaeth rhai ddigio go iawn. Ond roedd yn rhaid i fi gadw at y ffordd roedd angen i fi fyw fy mywyd er mwyn cyrraedd y nod ro'n i wedi'i osod i fi fy hunan. Dyw pawb yn amlwg ddim yn deall hynny. Diolch byth bod fy nheulu a Carys yn dal i gefnogi fy mwriad. Er, mae'n rhaid dweud, mae'n straen iddyn nhw weithiau hefyd. Dwi'n teimlo'n flin dros Carys yn yr wythnosau cyn ffeit. Does dim modd i ni fynd mas am fwyd, er enghraifft, gan fy mod yn gorfod cadw at gynllun colli pwysau llym iawn. Mae hynny'n galed arni hi ac mae'n rhaid i fi gofio hynny.

Yn y diwedd daeth y cyfle cynta i amddiffyn fy nheitl byd ym mis Ebrill 2014. Roedd hynny bron i chwe mis wedi i fi ennill y gwregys. Mae hynny'n amser hir heb ffeit. Ond ro'n i'n hyderus. 'Nes i ymarfer yn gyson dros y chwe mis yna. Y job fwya, fodd bynnag, oedd cadw at y pwysau. Ar fore'r pwyso ar gyfer y ffeit, ro'n i bedwar pwys dros y pwysau. Cwpwl o oriau oedd gyda fi i golli cymaint â hynny o bwysau. Fe 'nes i bopeth gallen i. Ond methu 'nes i. Yn ôl rheolau MMA, os ydych chi dros bwysau, gall y ffeit fynd yn ei bla'n. Ond bydden i'n colli'r teitl byd!

Felly ar y *scales* fe 'nes i golli'r teitl byd cyn i fi ymladd. Ro'n i ddau bwys dros y gofyn. Ro'n i'n teimlo mor isel ag y gallen i deimlo. Roedd y dagrau y noson honno yn wahanol iawn i'r dagrau yn fy ffeit ddiwetha. Beth wnaeth bethau'n waeth oedd cerdded mas o'r pwyso a gweld rhai o'r bobol oedd yno i'm cefnogi.

Ro'n i wedi gwerthu dros 200 o docynnau. Roedd y bobol yna i gyd wedi dod i 'ngweld i'n ymladd am deitl byd. Ond nawr, doedd e ddim am ddigwydd. Roedd hwnnw'n lle tywyll iawn i fod.

Yn ôl trefn MMA, mae gen i ddewis mewn sefyllfa fel'na. Gallwn i naill ai dynnu mas o'r ffeit ond cadw'r gwregys, neu fwrw mla'n â'r ffeit gan golli'r teitl. Os mai James Brum fyddai'n ennill, fe fyddai'r pencampwr byd newydd. Os mai fi fyddai'n ennill, fi fyddai'r dewis cynta i ymladd am y teitl byd gwag y tro nesa. Doedd dim un ffordd yn y byd y bydden i'n gwrthod ymladd, colli teitl neu beidio. Ymladdwr ydw i ac mae ymladdwyr yn ymladd!

Felly mla'n â'r ffeit, er mwyn i fi ymestyn fy record. Fe barodd y ffeit y pum rownd llawn. Ond ar y diwedd, dyfarnwyd mai fi oedd wedi ennill o 5 rownd i 0. Buddugoliaeth unfrydol felly. Ro'n i'n hapus gyda hynny. Do, fe 'nes i golli teitl byd ond ro'n i wedi curo dyn a oedd yn ymarfer yn wythnosol gyda'r goreuon allan yn America. Ac wrth wneud hynny, ro'n i wedi cyrraedd deg gornest heb golli. Ro'n i'n ddigon bodlon 'da hynny.

O hynny mla'n, fe aeth pethau'n waeth a dweud y gwir. Dyna pryd y dechreuodd anafiadau gael effaith go iawn am y tro cynta. Dyna'r unig ffeit i fi yn 2014. Roedd Cage Warriors eisiau i fi ymladd iddyn nhw ond do'n i ddim yn gallu oherwydd rhyw anaf neu'i gilydd o hyd. Yn feddyliol, mae hynny'n anodd iawn i ymladdwr proffesiynol. Roedd yn rhaid dysgu byw gyda'r peth. Ond y broblem fwya oedd effaith ariannol peidio ag ymladd. Mae'n ddigon hawdd dal ati i ymarfer, ond mae angen arian i wneud hynny. Doedd dim arian gyda fi. Dim.

Roedd y cwmni oedd wedi fy noddi pan 'nes i adael fy ngwaith gyda Cuddy's wedi gorfod rhoi'r gorau i fy noddi oherwydd eu trafferthion ariannol nhw. Roedden nhw'n rhoi rhyw £200 i fi bob mis, ac ro'n i'n rhoi hwnna'n syth i Mam. Ond nawr, roedd hwnna wedi mynd hefyd. Ces i gwpwl o filoedd o bunnoedd am fy ffeit ddiwetha. Ond mae hwnnw'n gorfod para tan y ffeit nesa. Doedd dim ffeit arall gyda fi ac roedd yr arian yna i gyd wedi mynd erbyn mis Gorffennaf. Roedd Mam yn grêt, yn gwrthod gofyn i fi am rent ac yn mynd â fi lle roedd angen i fi fynd pan fyddai hi'n gallu. Roedd fy mrodyr a'm chwaer yn gwneud hynny hefyd. Ond doedd dal ddim arian yn dod mewn. Dyma'r cyfnod 'nes i feddwl o ddifri am roi'r gorau i MMA yn llwyr. Falle fod yr amser wedi dod i fi chwilio am waith. Roedd yn rhaid i fi werthu fy Peugeot 106 am £100 i gael arian.

Os o'n i am aros ym maes MMA, roedd gen i ddewis. Y dewis cynta oedd rhoi'r gorau i ymladd ac aros gartre i arbed arian. Y dewis arall oedd parhau i ymarfer ond cysgu yn y *gym* er mwyn arbed arian. I fi, doedd dim dewis. Felly, bydden i'n byw yn y *gym* am wythnosau ar y tro. Y patrwm oedd ymarfer yn ystod y dydd ac yna cysgu yno yn y nos. Fi fyddai'n agor y lle yn y bore i bawb arall ddod mewn. Wedyn, pan oedd angen, bydden i'n mynd adre ond yn aros yno am rai wythnosau gan nad o'n i'n gallu fforddio talu i deithio 'nôl a mla'n i'r *gym*. Pan oedd hynny'n bosib, trwy fod rhywun yn rhoi lifft i fi neu beth bynnag, ro'n i wedyn yn byw yn y *gym* am wythnosau eto.

Roedd Nadolig 2014 yn arbennig o anodd. Doedd dim arian gyda fi i brynu anrhegion i fy nheulu ac i Carys. Roedd pawb yn dweud nad oedd hynny'n broblem. Ond roedd yn broblem i fi. Yn feddyliol, roedd yn rhoi lo's. Ro'n i wedi rhoi'r gorau i'r gwaith er mwyn ennill arian fel ymladdwr proffesiynol. Nawr, do'n i ddim yn gallu talu fy ffordd.

Roedd un ffrind i fi, Aiden, gyda fi drwy'r holl amser yma. Roedd e'n helpu gymaint ag y galle fe. Roedd ffrindiau eraill yn prynu bwyd i fi yn aml. Roedd y teulu yn rhoi arian i fi nawr ac yn y man, ac yn helpu mewn ffyrdd ymarferol. Ond y peth rhyfedd yw bod y rhan fwyaf o bobol sy'n rhan o fy myd MMA nawr ddim yn gwybod am y caledi yma.

Roedd yn gyfnod anodd ofnadwy. Ond os ydych chi eisiau rhywbeth, mae'r nerth yn dod o rywle i'ch helpu chi. Roedd y dyddiau tywyll hynny wedi para drwy'r rhan fwyaf o 2014. Ond o fewn blwyddyn i hynny, fe ges i ddewis i arwyddo cytundeb newydd gyda Cage Warriors. Ond tua'r un pryd, daeth cyfle i fi arwyddo gyda chwmni hyrwyddo o'r enw Titan Warriors. Doedden nhw ddim yn cynnal ffeits ym Mhrydain am mai cwmni o America ydyn nhw. Felly byddai'n rhaid i fi fynd i America i ymladd. Penderfynais felly fynd gyda Titan yn lle Cage Warriors.

Un peth wnaeth ddylanwadu ar y penderfyniad oedd y dyn roedd Titan wedi dweud y bydden i'n ymladd yn ei erbyn. Fy uchelgais oedd ymladd yn erbyn yr hyn sy'n cael ei alw ym myd MMA yn *UFC veteran*. Hynny yw, ymladdwr sydd wedi bod gyda'r UFC, yr hyrwyddwyr gorau yn y byd, ond sydd nawr ddim yn ymladd yn eu henw nhw. Ro'n i wedi ymladd yn erbyn *UFC prospect*, James

Brum, sef rhywun a oedd ar ei ffordd i fewn i'r UFC. Ro'n i nawr am ymladd â rhywun oedd wedi cael profiad o'r UFC, Walel Watson. Dyma ymuno â Titan felly.

Roedd y ffeit yn Alabama. Ro'n i wedi cael yr hyn ro'n i ei eisiau. Ond roedd fy ymateb fel plentyn ar ddydd Nadolig sydd yn cael anrheg, fel gitâr neu rywbeth, ond yna'n sylweddoli ar ôl ei gael bod angen dysgu ei chwarae! Ar ben hynny, roedd fy ysgwydd yn dechrau rhoi mwy o boen i fi. Doedd dim poen fawr, ond ar ôl pob sesiwn ymarfer roedd yr ysgwydd yn fwy stiff nag y dylai fod. Ond nid yr anaf oedd y broblem fwya. Dwi ddim yn hoffi gadael fy nheulu. Dwi ddim hyd yn oed yn hapus i adael Pontarddulais. Nawr, roedd angen i fi fynd i Alabama! Problem! Ond roedd yn rhaid i fi dderbyn, os oedd llwyddiant i ddod i fi fel ymladdwr, y byddai'n rhaid bod yn barod i deithio a wynebu pethau newydd. Bant â fi.

'Nes i ddim gadael stafell y gwesty yn Alabama am dri neu bedwar diwrnod. Roedd yn lle dieithr, oedd. Ond hefyd, mae'n anodd cerdded strydoedd a gweld pobol mewn tai bwyta pan ydych chi'n trio colli pwysau. Gan i fi golli teitl byd oherwydd i fi fethu cyrraedd y pwysau, ro'n i'n fwy penderfynol fyth o gadw llygad manwl ar y pwysau. Pan ddaeth diwrnod y pwyso, ro'n i'n 135.8 pwys, sef .8 dros y pwysau. Ond 'nes i ddweud wrth y swyddogion fy mod yn gwisgo siorts. Dyna pam ro'n i dros bwysau, medde fi. Doedden nhw ddim yn fodlon iawn derbyn hynny. Ond fe 'nes i ofyn am gael fy mhwyso heb y siorts, yn hollol noeth, ac ro'n i ar y pwysau iawn! Rhyddhad!

Roedd y pwyso'n digwydd ar long ryfel. Roedd yn gartre i gyn-filwyr oedd wedi cael anafiadau amrywiol mewn llefydd fel Affganistan. Ces i gyfle i siarad gyda sawl un ohonyn nhw. Dyna beth oedd profiad gwerthfawr. Ro'n i'n siarad gyda dynion oedd wedi gweld pethau erchyll mewn rhyfeloedd gwahanol. Roedd pob un yn ddiolchgar iawn eu bod yn fyw o gwbwl. Anghofia i byth mo hynny tra bydda i byw.

Ar noson y ffeit, roedd pobol yn cyfeirio ata i fel Brett Johns o'r UK. Roedd yn rhaid i fi eu cywiro bob tro.

'No, I'm not from the UK. I'm from Wales.'

Dwi'n mynnu dweud hynny bob man dwi'n mynd. Cymro ydw i. Dyna'i diwedd hi.

Ar ddiwedd rownd gynta'r ffeit yn erbyn Watson, roedd e ar ei gefn ar y llawr. Dyna oedd fy nghyfle i ddod â'r ffeit i ben. Fe 'nes i ddewis defnyddio fy mhenelin i'w daro ryw bymtheg o weithiau mewn pymtheg eiliad. Roedd hynny'n ormod iddo fe. Defnyddiodd ochr y cawell i'w helpu i gerdded 'nôl i'w gornel. Ro'n i'n gwybod i fi ei dorri'n gorfforol ac yn feddyliol. Ar ddechrau'r ail rownd llwyddais i gael Watson yn y fath sefyllfa fel ei fod e am roi'r gorau i'r ffeit. Ro'n i'n barod i'w dagu, a dwedodd Watson nad oedd am gario mla'n. Ro'n i wedi ennill! Ro'n i wedi ennill yn America! Ro'n i wedi ennill yn erbyn *UFC veteran*! Ro'n i wedi ennill teitl byd arall!

Roedd y dorf yn grêt, yn dangos eu cefnogaeth i fi er fy mod i'n ddyn o dramor. Doedd dim modd i fi wneud cyfweliadau teledu na radio – ro'n i'n rhy emosiynol o lawer! Ond ro'n i wedi dod dros y teimladau hynny erbyn yr amser roedd angen tynnu lluniau swyddogol. Erbyn hynny, ro'n i wedi newid i wisgo siwt a mynd 'nôl i'r cawell i dynnu lluniau gyda phencampwyr eraill y noson honno. Dyna beth oedd teimlad. Fi yno gyda phencampwyr byd yr holl bwysau eraill. Roedd yn wefr clywed ambell un yn dweud, wrth bwyntio ata i, 'He's the kid to watch!'

Waw! Dyna oedd hwb aruthrol i fi, y boi o'r Bont!

Wedi cyrraedd adre, daeth yr alwad ffôn yn cynnig y ffeit nesa i fi – 'nôl yn America! Dyna lle bydden i'n cael cyfle i amddiffyn fy nheitl byd. Do'n i ddim yn gallu aros! Ond... Roedd yn gyfnod pan oedd sawl 'ond' yn codi ei ben ac fe ddaeth un arall cyn y ffeit yn Kansas. Fe 'nes i anafu fy mhen-glin wrth ymarfer ar gyfer y ffeit. Do'n i ddim yn siŵr a fydden i'n ddigon ffit i ymladd. Ond wrth gwrs, doedd Chris ddim yn credu bod unrhyw amheuaeth. Felly, fe 'nes i dderbyn gair Chris, a pharhau i baratoi.

Ar ôl cyrraedd Kansas, roedd hi'n dwym iawn mas 'na. Ond nid yr anaf oedd yn fy mecso i, o na. Problemau seicolegol oedd waetha i fi ar ôl cyrraedd Kansas. Ro'n i wedi colli un teitl byd yn barod oherwydd methu cyrraedd y pwysau iawn. Do'n i ddim am i hynny ddigwydd eto. Ond roedd meddwl fel'na yn troi'n faich ychwanegol. Roedd yn gwasgu arna i bob dydd. Ar adegau, roedd yn gwneud i fi deimlo'n isel fy ysbryd. Ychwanegu at y broblem roedd hynny. Un ffactor amlwg sy'n eich rhwystro chi rhag colli pwysau yw stres. Ro'n i'n diodde gan lot o stres ynglŷn â methu colli pwysau! Roedd yn broblem ddwbwl. Roedd y corff yn cryfhau ac yn datblygu'n dda. Ond doedd y meddwl ddim.

Ar fore'r diwrnod pwyso, fe es i'r *sauna* i drio colli rhagor o bwysau. Ro'n i'n hen gyfarwydd â gwneud hynny. Roedd y pwysau'n dechrau dod bant oddi arna i. Ond yna, fe 'nes i fwrw 'wal' galed iawn. Ro'n i wedi gwneud hanner awr yn y *sauna*, tair munud mas, hanner awr 'nôl mewn, tair munud mas, ugain munud yn y *sauna*, tair munud mas... Fe 'nes i hynny drwy'r bore. Fe ddes i mas o'r *sauna* ar ôl y seiswn ola a do'n i ddim yn gallu gweld fawr ddim o 'mla'n i. Roedd fy mhen yn troi a Chris yn gorfod fy nal i lan.

Roedd y pwyso am 4 o'r gloch. Ro'n i'n meddwl fy mod wedi cyrraedd y pwysau oedd ei angen. Fe aeth Chris i gael brecwast ac fe arhosais i yn y gwely i orffwys. Tra o'n i yn y gwely, teimlais boen ddifrifol. Roedd fy nghorff yn shiglo heb reolaeth. Do'n i ddim yn gwybod lle ro'n i. Ces ddigon o nerth i ffonio Chris ac fe ddaeth e lan i'r stafell yn syth. Roedd fy ngwres yn codi ac yn codi. Roedd cramps yn fy nghorff. Daeth un o reolwyr Titan i'r stafell. Pan welodd sut ro'n i'n teimlo, aeth e â fi at fferyllydd. Dwedodd y fferyllydd y dylen i fynd i'r ysbyty yn syth. Yn ôl rheolau MMA, os oes ymladdwr yn cael ei roi ar drip cyn ffeit, dyw e ddim yn cael ymladd. Mae'r ffeit off.

Fe 'nes i droi at y boi Titan a dweud, 'Listen. I didn't come 4,000 miles not to fight. I will be fighting tomorrow – and I'll either be fighting Gutierrez or I'll be fighting you. But I will be fighting someone!'

Felly, i'r sesiwn pwyso â fi ac nid i'r ysbyty. Ro'n i ryw bwys a hanner dros y pwysau angenrheidiol! A dwy awr i drio cael gwared ohono fe! Ond doedd dim un ffordd yn y byd y byddai fy nghorff yn gallu cymryd ymdrech arall i golli pwysau. Ro'n i wedi methu cyrraedd y pwysau i amddiffyn teitl byd am yr ail waith!

Does dim modd dweud pa mor isel ro'n i'n teimlo. Roedd yn sarhad ar fy enw. Ro'n i'n teimlo cywilydd. Roedd cwmwl du drosta i. Does neb yn colli dau deitl byd oherwydd methu cyrraedd y pwysau. Ond ro'n i newydd wneud hynny. Os oedd 2014 yn flwyddyn wael roedd un diwrnod yn Kansas wedi mynd â fi dipyn yn fwy isel nag ro'n i wedi bod erioed o'r bla'n.

Fel y tro diwetha i hyn ddigwydd, roedd gen i ddewis – tynnu allan o'r ffeit a chadw'r gwregys, neu barhau gyda'r ffeit. Doedd peidio ymladd ddim yn opsiwn. Wedi'r cyfan, ro'n i newydd ddweud hynny wrth y boi Titan aeth â fi i'r fferyllfa! Felly, mla'n â'r ffeit. Mae'n swnio'n beth od i'w ddweud, ond er cymaint dwi'n llawenhau wrth ennill teitl a gwregys, nid dyna'r rheswm pam dwi'n ymladd. Dwi'n ymladd am y parch. Dwi'n ymladd er mwyn i bobol siarad am y ffeit, nid y teitl.

Yna, daeth fy mherfformiad gwaetha erioed. Parodd y ffeit y pum rownd llawn. Dwi ddim yn gwybod sut ro'n i wedi para. Roedd yn dipyn o frwydr a finne rai oriau ynghynt yn clywed pobol yn dweud y dylen i fynd i'r ysbyty. Ar ben hyn oll, fe dorrais fy *hamstring* yn y drydedd rownd. Ond rywsut, llwyddais i ymladd tan y diwedd ac ennill!

Felly fe 'nes i adael Kansas heb deitl byd. Ond o leia roedd fy record o beidio â cholli yr un ffeit yn dal. Yn Kansas, 'nes i ddeall yn y ffordd fwyaf anodd a phoenus bosib beth roedd e'n ei olygu i fod yn ymladdwr!

8

Pêl-droed a Las Vegas

Ro'n i'n ddigon balch i weld diwedd 2015. Yn sicr, roedd rhai uchafbwyntiau'r flwyddyn honno ond roedd lot o ddyddiau gwael hefyd. Roedd yn ddechrau da i'r flwyddyn newydd, gan fy mod yn gwybod bod Titan wedi trefnu ffeit arall i fi. Dyma gyfle arall i ennill teitl y byd. Roedd ffocws 'nôl yn fy mywyd unwaith eto ar ôl siom Kansas.

Yn anffodus, fe ddaeth yr un gair bach yna i fy mywyd unwaith eto. Ond! Penderfynodd yr anaf ges i dros ddwy flynedd ynghynt ddod 'nôl i fy mywyd. Roedd fy ysgwydd dde yn dechrau creu trafferthion. Doedd hi ddim wedi bod yn broblem am amser hir ond wrth i fisoedd cynta 2016 fynd yn eu bla'n, roedd yr ysgwydd yn penderfynu symud mas o'i lle ryw dair gwaith yr wythnos. Un ateb oedd. Llawdriniaeth. Doedd dim modd aros i wneud hynny trwy'r Gwasanaeth Iechyd. Bydden i wedi gorfod aros am dros ddwy flynedd. I ymladdwr proffesiynol, dyw hynny ddim yn opsiwn. Felly roedd rhaid mynd yn breifat. Roedd angen i fi ddod o hyd i £7,000 i dalu am y driniaeth. Rywsut, fe 'nes i hynny. Fe wnaeth cwmni o Abertawe dalu rhywfaint. Roedden nhw'n un o'r cwmnïau a oedd yn fy noddi ar y pryd, ac fe dalon nhw £3,000. Daeth y gweddill gan y dyn sy'n ymarfer gyda fi ar y pads. Sam yw ei enw, ond ni'n ei adnabod e fel Padman Sam. Fe dalodd e £4,000 o'i arian ei hun. Mae cefnogaeth fel'na yn anhygoel!

Ond wedi'r llawdriniaeth, roedd disgwyl i fi fyw gyda'r ffaith nad o'n i'n gallu ymladd am sbel. Unwaith eto, yn y meddwl roedd y frwydr fwya! Trwy lwc, roedd rhywbeth yn digwydd y flwyddyn honno a oedd yn help mawr i'r broses. Dyna flwyddyn cystadleuaeth bêl-droed Euro 2016. Roedd tîm Cymru wedi llwyddo i gyrraedd y gystadleuaeth, felly roedd rhywbeth gen i i ganolbwyntio arno. Doedd gen i ddim digon o arian i fynd allan i Ffrainc i weld y gemau, ond o leia roedden nhw ar y teledu. Pan o'n i wedi ennill unrhyw arian ro'n i'n talu pobol 'nôl oedd wedi fy helpu i yn y misoedd cyn hynny. Felly, pan ddaeth Euro 2016, ro'n i'n ôl yn y sefyllfa o fod heb arian o gwbwl. Fe es i at y peiriant twll yn y wal ddwsinau o weithiau dros y misoedd hynny, a chael yr ateb ar y sgrin nad oedd ceiniog gen i yn fy nghyfri. Ro'n i'n dibynnu ar arian gan fy mam, fy nhad, fy mrodyr a fy chwaer i allu mynd mas. Mam dalodd fy mìl ffôn am rai misoedd, er enghraifft. Dyw hynny ddim yn deimlad neis iawn, er fy mod yn caru fy mam oherwydd yr holl gefnogaeth dwi wedi'i chael ar hyd fy ngyrfa.

Ond daeth fy mrawd ata i un dydd. Dwedodd ei fod yn mynd i Ffrainc ar gyfer gêm gynta Cymru. Roedd am i fi fynd gydag e. Yn fwy na hynny, roedd am dalu i fi fynd gydag e. Roedd hynny'n rhywbeth y bydda i'n ei werthfawrogi am byth. Unwaith ro'n i mas 'na, wel, anodd disgrifio sut ro'n i'n teimlo. Dwi erioed wedi teimlo cymaint o falchder i fod yn Gymro. Ni'n wlad fach iawn. Ond mae calon aruthrol gyda ni fel cenedl. Roedd hynny'n amlwg ar strydoedd Ffrainc. Braint oedd cael bod yn rhan ohono fe. Y noson gurodd Cymru dîm Rwsia o dair gôl i ddim oedd un o nosweithiau gorau fy mywyd.

Fe wnaeth y trip yna lot o les i fi fel ymladdwr proffesiynol. Ces egni newydd. Ces hyder newydd hefyd. Doedd hi'n dal ddim yn bosib i fi ymarfer yn iawn oherwydd yr ysgwydd. Ond roedd yn dal yn bosib i fi fynd i'r *gym* i wneud cymaint ag y gallen i. Wedi un sesiwn ffoniodd fy mrawd fi.

'Beth ti'n neud fory?' medde fe.

'Ma'n ddiwrnod mawr iawn fory,' medde fi. 'Ti'n gwbod hynny dy hunan. Ma Carnifal Pontarddulais mla'n. Bydda i yno drwy'r dydd. Pam yffach ti'n gofyn cwestiwn mor dwp?'

Daeth yr ateb 'nôl yn ddigon clou.

'Fi'n mynd 'nôl i Ffrainc i weld y pêl-droed fory a fi eisie i ti ddod gyda fi!'

Cymru yn erbyn Gogledd Iwerddon oedd y gêm, yn rownd wyth ola'r Euros. Do'n i ddim yn credu bod fy mrawd o ddifri, felly 'nes i roi'r ffôn lawr arno fe. Ddim sbel ar ôl hynny, roedd fy mrawd yn sefyll o fla'n y tŷ. Roedd e'n gwisgo crys Cymru ac roedd fy mhasbort i yn ei law.

'Dere, ni'n mynd nawr!'

Roedd ei gar tu fas yn aros i ni fynd yn syth i Ffrainc ar gyfer y gêm y diwrnod wedyn!

Draw â ni i Baris felly, a cholli Carnifal y Bont! Roedd y teimlad o fod gyda ffans Cymru yno yn anhygoel. Roedden ni fel un teulu mawr. Allen i ddim canu 'Hen Wlad fy Nhadau' yn iawn, ro'n i mor emosiynol! Enillodd Cymru'r gêm ac roedd digon o ddathlu! Yn y car ar y ffordd adre, dwedodd fy mrawd ein bod ni'n mynd i weld y gêm nesa yn Lille. Roedd e mor garedig tuag ata i! Fe aeth rhyw ddwsin ohonon ni mas i weld y gêm yn erbyn Gwlad Belg yn

Lille. Roedd y bws fel clwb nos yr holl ffordd draw a'r holl ffordd 'nôl. Ro'n i'n lwcus iawn i fod yn sefyll reit yn y man cywir i weld gôl anhygoel Hal Robson-Kanu! Sgoriodd Vokes un gôl arall, ac fe enillodd Cymru o 3 i 1. Ar ddiwedd y gêm fe 'nes i eistedd ar y stepen lle ro'n i wedi bod yn sefyll, a llefen fel babi. Ro'n i ar stepen rhif 36. Fy hoff rif i!

Ers y gemau yna yn Ffrainc, mae gen i ddiddordeb aruthrol ym mhêl-droed Cymru. Ro'n i'n edrych ar y gemau ar y teledu cyn hynny, nawr ac yn y man. Ond roedd yr angerdd wedi ei danio yn Ffrainc. Roedd y ffordd ro'n i'n teimlo wrth eistedd ar stepen rhif 36 yn Lille wedi rhoi cymaint o wefr i fi ag ennill ffeit, neu deitl. Dwi wedi bod i weld Cymru yn chwarae yn fyw sawl gwaith ers hynny, gan gynnwys taith i Moldova!

Ond cafodd Euros 2016 un effaith sylweddol arall arna i. Fel wedes i, fe es i Ffrainc oherwydd nad o'n i'n gallu ymladd. Yn gorfforol, roedd mynd i weld y pêl-droed yn beth gwael iawn i fi. Roedd y teithio, y dathlu, colli'r ymarfer ac ati yn golygu nad oedd siâp rhy dda arna i. Ond yn feddyliol, fe wnaeth achub fy ngyrfa MMA. Roedd yn ddigon anodd i fi ddelio gyda'r ffaith nad o'n i'n gallu ymladd. Mae'n anodd i athletwr proffesiynol fyw gyda'r ffaith yna. Ro'n i'n meddwl am roi'r gorau i MMA yn gyfan gwbwl. Llwyddodd teithiau Ffrainc i roi ffocws newydd i fi. Tynnodd fy meddwl oddi ar y cymylau du. Roedd e wedi rhoi hwb go iawn i fi ac aildanio'r sbarc!

Dechreuodd y trafod gyda Titan wedyn, er mwyn cael ffeit arall i fi. Roedd sawl awgrym posib, ond doedd dim un wedi gweithio mas yn iawn. Daeth cynnig wedyn am ffeit ar ddiwedd y flwyddyn a dechreuais droi fy meddwl at hynny. Tra o'n i'n paratoi, daeth pen-blwydd fy mrawd bach yn 18. Roedd e am fynd mas i Abertawe i ddathlu gyda'i ffrindiau. Wel, 'na beth oedd noson anodd i fi! Do'n i ddim wedi mynd gyda fe, o na. Ro'n i adre. Ond ro'n i'n methu cysgu o gwbwl, yn becso am fy mrawd bach mas yn y ddinas fawr. Cysgais am ychydig, wedyn deffro, cysgu, deffro, cysgu, deffro. Drwy'r nos. Ac yna, yn sydyn reit, yn ystod oriau mân y bore, canodd y ffôn! Panic llwyr! Beth oedd wedi digwydd i fy mrawd? Roedd rhywun siŵr o fod wedi rhoi coten iddo fe!

Cydiais yn y ffôn yn glou. Yn y tywyllwch, sylwais mai rhif o America oedd yn fy ngalw. Atebais yr alwad.

'Hello, is that Brett?' gofynnodd acen Americanaidd o'r ochr arall.

Brian oedd yno, fy rheolwr gyda Titan yn America.

'What's happening?' medde fi.

'You need to get ready. There's a fight for you in Belfast. With UFC!'

Wel, dyna beth oedd sioc aruthrol. Ond roedd yn sioc gymysglyd. Fy uchelgais, yn wir, uchelgais pob ymladdwr MMA yw cyrraedd yr Ultimate Fighting Championship (UFC), y pinacl, yr Uwch-gynghrair. Roedd yn amlwg bod fy rheolwr wedi bod yn siarad amdana i gyda'r UFC. Anhygoel! Ond roedd gofyn cadw'r cyffro dan reolaeth. Roedd hi'n edrych yn debygol y byddai'r ffeit yn Belfast – roedd ambell beth i'w gadarnhau cyn ei wneud yn bendant. Felly, bod yn gyffrous a pheidio bod yn rhy gyffrous oedd y drefn i fi. Anodd!

Y bore wedyn, roedd fy mrawd bach adre'n saff, ond yn diodde! Fe es i i'r *gym* i ymarfer. Daeth Chris mewn a 'ngalw i i'w swyddfa. Ro'n i'n gallu gweld ei fod e'n ddifrifol. Yn y stafell, roedd ei ffôn ar y ford. Roedd wyneb rhywun i'w weld arno fe. Dechreuodd Chris fy ffilmio yn mynd at y ffôn yma. Sylweddolais mai Brian oedd yno eto. Cydiais yn y ffôn a chyn i fi gael cyfle i ddweud gair, dyma Brian yn dweud,

'Welcome to the UFC!'

Doedd dim geiriau 'da fi i ymateb. Unwaith eto, fe 'nes i lefen a sgrechen fel babi. Mae'r hyn ffilmiodd Chris o'r alwad ffôn yna, a'r ffordd 'nes i ymateb, ar YouTube. Mae e wedi cael llwyth o hits, yn enwedig yn America!

Roedd fy ffeit gynta gyda'r UFC ymhen tair wythnos. Lwcus 'mod i'n paratoi ar gyfer ffeit arall! Dros nos bron, fe wnaeth nifer y bobl oedd yn fy nilyn ar wefannau cymdeithasol saethu lan. Ar Instagram, er enghraifft, ro'n i'n cael 500 o bobl yn hoffi llun, yn lle'r 30 arferol. Roedd hyn ymhell cyn i fi ymladd y ffeit gynta iddyn nhw. Jack Marshman oedd y Cymro cynta i arwyddo gyda'r UFC, ryw bythefnos cyn fi. Roedd ffeit gynta'r ddau ohonon ni yn yr un sioe yn Belfast. Fi oedd mla'n gynta, felly fi yw'r Cymro cynta i ymladd yn yr UFC! Ac ar ôl ennill teitl byd Cage Warriors, fe ges i freuddwyd mai fi fyddai'r Cymro cynta i ymladd yn yr UFC!

Mas yn Belfast, ym mis Tachwedd 2016, ro'n i yn yr un arena gyda lot fawr o fy arwyr. Dyma lle roedd sêr MMA. Roedd Artem Lobov yno, ffrind gorau Conor McGregor! Prif ffeit y noson oedd Gegard Mousasi yn erbyn Uriah Hall. Dyna ddau seléb go iawn! Dyma'r bois!

Roedd yn rhaid i fi gael y pwysau yn iawn, wrth gwrs! Ar fore'r pwyso, roedd un pwys ar ôl i'w golli. Dwi'n cofio i fi gael bath twym iawn. Ro'n i'n chwysu fel mochyn ac yn canu nerth fy mhen! Ro'n i'n teimlo'n grêt! Cyrhaeddais y pwysau yn iawn. Rhyddhad! Mae'r ffeit yn erbyn pwysau yn gallu bod yn fwy anodd na'r ffeit yn y cawell!

Ro'n i'n benderfynol o ennill fy ffeit gynta gyda'r UFC. Ond doedd y boi oedd yn fy erbyn i heb golli ffeit chwaith. Felly roedd rhywun yn mynd i golli am y tro cynta. Gwnaeth hynny fi'n fwy penderfynol nad fi fyddai'n colli. Pinacl y noson i fi oedd yr hyn ddigwyddodd cyn y ffeit. Dyma un o'r swyddogion yn dod draw ata i ac yn rhoi bag i fi. Yn y bag, y menig. Ar y menig, y llythrennau UFC. Teimlais fy nghorff yn llenwi gyda balchder!

Aeth fy meddwl 'nôl i'r Brett Johns 16 oed yn y llyfrgell yn Ysgol Gyfun Gŵyr. Dyna lle ro'n i'n gwylio fideos UFC yn ystod amser egwyl neu amser cinio, a Mrs Hinton yn cadw llygad arna i. Nawr, ro'n i fy hunan yn ymladdwr diguro yn ymladd fy ffeit gynta i'r UFC. Roedd menig UFC ar ddwylo'r boi o'r Bont!

Enillais y ffeit gynta o dair rownd i ddim. Dyna beth oedd teimlad arbennig. Roedd yn grêt cael sefyll fan'na yng nghanol y cawell, baner y Ddraig Goch rownd fy ysgwyddau, gan wybod i fi ennill fy ffeit gynta i'r UFC. Dyna ro'n i eisiau'n fwy na dim. Ro'n i nawr yn ymladdwr UFC. Yn ychwanegol at hyn, roedd tamed bach o arian gyda fi nawr hefyd. Bydden i'n gallu prynu anrhegion Nadolig. Bydden i hefyd yn gallu prynu car, am y tro cynta ers i fi orfod gwerthu'r Peugeot 106. Mas â fi i brynu car – a phrynu Peugeot 106 arall! Dyna ro'n i eisiau a dyna ges i. Doedd dim un ffordd yn y byd y bydden i'n sblasho arian ar gar crand dim ond achos i fi gyrraedd yr UFC ac ennill fy ffeit gynta. Nid person fel'na ydw i.

Un o'r bois ro'n i'n ei wylio ar y fideos MMA yn llyfrgell yr ysgol oedd Brad Pickett. Ar ôl ffeit Belfast, cysylltodd e gyda fi! Gofynnodd a o'n i am fynd lan i ymarfer yn ei *gym* e yn Llundain. Ond yn fwy na hynny, roedd e am i fi aros yn ei gartre gyda'i wraig a'i blentyn! Waw! Doedd arian ddim yn gallu prynu profiad ac anrhydedd fel'na. Lan â fi, a chael amser da iawn yn ymarfer ac yn byw gyda nhw fel teulu. Tra o'n i yno, ces alwad ffôn yn cynnig ail ffeit UFC i fi. Grêt, roedd gofyn paratoi ar gyfer ffeit arall!

Yn anffodus, tynnodd y boi oedd i fod i ymladd yn fy erbyn mas o'r ffeit chwe awr cyn yr ornest. Dyna oedd siom. Does gen i ddim lot o amynedd gyda phobol sy'n gwneud hynny. Byddai'r ail ffeit go iawn wedyn yn digwydd yn

Glasgow. Ond cyn hynny daeth gwahoddiad gan yr UFC i fi fynd mas i'r hyn maen nhw'n ei alw yn Athlete Retreat. Mae'r UFC yn talu i 400 o'i ymladdwyr drwy'r byd fynd i America i aros mewn gwesty yn Las Vegas. Un parti mawr yw e mewn gwirionedd. Roedd y rapiwr Snoop Dog yno yn canu'n fyw. Yn yr un bwth â fi yn y parti roedd un o fawrion yr UFC, Rashad Evans. Y ffeit UFC gynta i fi ei gweld erioed ar y teledu oedd yr un welais i mewn parti ar stad dai cyngor ym Mhontarddulais pan o'n i'n dal yn yr ysgol. Roedd Rashad yn un o'r ddau oedd yn ymladd yn y ffeit yna. Nawr, ro'n i'n eistedd wrth ei ymyl mewn parti yn Vegas!

Enillais fy ail ffeit yn yr UFC hefyd, yn erbyn Albert Morales. Roedd fy nhrydedd ffeit yn mynd â fi 'nôl i Las Vegas. Dwi newydd ddod oddi yno, ar ôl yr ornest ar 1 Rhagfyr 2017.

Ro'n i wedi dechrau ar y llyfr yma cyn mynd mas i Vegas. Roedd yn deimlad od meddwl tybed sut y byddai'r llyfr yn gorffen. A fydden i'n gorfod sgrifennu am fy ngholled gynta? Neu a fydden i'n gallu sgrifennu am gyrraedd pymtheg ffeit heb golli?

Diolch byth, dwi'n gallu sôn am gyrraedd pymtheg ffeit heb golli! Enillais fy ffeit yn erbyn Joe Soto mewn modd sydd wedi tynnu sylw pawb ym mhob cornel o fyd MMA. Mae 'na symudiad o'r enw The Calf Slicer yn MMA. Dim ond unwaith erioed mae wedi cael ei ddefnyddio i sicrhau buddugoliaeth mewn gornest UFC. Reit ar ddechrau'r ffeit yn erbyn Soto, daeth cyfle i fi wneud y symudiad. Fe gymerais y cyfle ac ildiodd Soto yn syth. Petai e ddim, mae'n eitha posib y byddai ei benglin wedi chwalu. Mae'n symudiad poenus iawn. Ro'n i wedi ennill y ffeit ar ôl 30 eiliad yn unig! Ar ben y cyfan, dewiswyd fy ffeit i fel ffeit orau'r noson gyfan. Mae enillydd y ffeit orau yn derbyn bonws o $50,000. Diolch byth bod cyfle i ddechrau talu Mam, Dad, fy mrodyr a'm chwiorydd a Carys yn ôl am yr holl gefnogaeth dros y blynyddoedd. Ond fydda i byth yn prynu car sydd werth mwy na £1,000!

Felly, mae bywyd Brett yr ymladdwr yn mynd yn ei fla'n. Ar ôl dod 'nôl o Vegas, fe 'nes i glywed fy mod i nawr yn rhif 13 yn y byd. Mae'n bosib y bydda i'n colli ryw ddydd. Ond falle na fydda i ddim. Dwi ddim yn gwybod beth sydd o 'mla'n i yn yr UFC. Falle daw teitl neu ddau arall. Grêt os yw hynny'n digwydd, ond nid dyna'r nod. Yr hyn dwi eisiau yw i bobol siarad amdana i oherwydd yr hyn dwi wedi'i gyflawni. Dwi eisiau gwneud rhywbeth fydd yn frawddeg neu'n baragraff yn y llyfrau hanes. Dwi eisiau gwneud cyfraniad i'r gamp sydd yn golygu cymaint i fi.

A dweud y gwir, beth licen i'n fwy na dim yw bod cerflun o Brett Johns ym Mhontarddulais, fel sydd o Johnny Owen ym Merthyr. Ie, ymladdwr ydw i. Ond yn fwy na hynny, dwi'n foi o'r Bont!

Hefyd yn y gyfres:

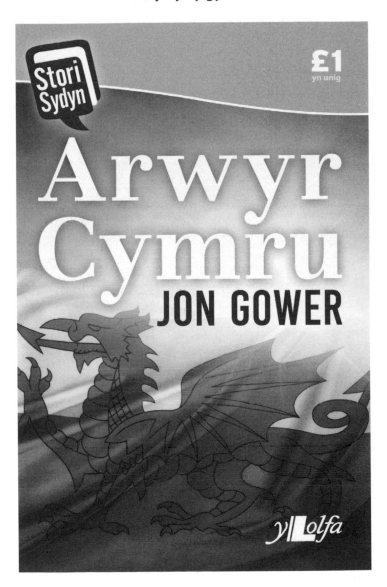

Stori Sydyn

£1
yn unig

Arwyr
Cymru
JON GOWER

y Lolfa

Llongyfarchiadau ar gwblhau un o lyfrau Stori Sydyn 2018

Mae prosiect Stori Sydyn, sy'n cynnwys llyfrau bachog a byr, wedi'i gynllunio er mwyn denu darllenwyr yn ôl i'r arfer o ddarllen, a gwneud hynny er mwynhad. Gobeithiwn, felly, eich bod wedi mwynhau'r llyfr hwn.

Hoffi rhannu?

Gall eich barn chi wneud y prosiect hwn yn well. Nawr eich bod wedi darllen un o lyfrau'r gyfres Stori Sydyn, ewch i www.darllencymru.org.uk i roi eich sylwadau neu defnyddiwch @storisydyn2018 ar Twitter.

Pam dewis y llyfr hwn?
Beth oeddech chi'n ei hoffi am y llyfr?
Beth yw eich barn am y gyfres Stori Sydyn?
Pa Stori Sydyn hoffech chi ei gweld yn y dyfodol?

Beth nesaf?

Nawr eich bod wedi gorffen un llyfr Stori Sydyn – beth am ddarllen un arall? Edrychwch am deitl arall cyfres Stori Sydyn 2018.

Arwyr Cymru
– Jon Gower